Por que não escrevi nenhum de meus livros

Marcel Bénabou

Tradução
Ana de Alencar

Tabla

Título original
Pourquoi je n'ai écrit aucun de mes livres

Tradução autorizada da edição francesa publicada em 2010 por Éditions du Seuil, dentro da coleção *La Librairie du XXIe siècle*, sob a direção de Maurice Olender. Uma primeira edição francesa dessa obra foi publicada pela Hachette em 1986, dentro da coleção *Textes du XXe siècle*; e em 2002, por P.U.F., dentro da coleção *Perspectives Critiques*.

Coordenação editorial · Laura Di Pietro
Capa, projeto gráfico e composição · Marcelo Pereira | Tecnopop
Revisão · Ana Lúcia Moraes

Este livro atende às normas do Novo Acordo Ortográfico em vigor desde janeiro de 2009.

Cet ouvrage a bénéficié du soutien des Programmes d'aides à la publication de l'Institut Français. // Este livro contou com o apoio à publicação do Institut Français.

Cet ouvrage, publié dans le cadre du Programme d'Aide à la Publication 2016 Carlos Drummond de Andrade de l'Institut Français du Brésil, bénéficie du soutien du Ministère de l'Europe et des Affaires étrangères. // Este livro, publicado no âmbito do Programa de Apoio à Publicação 2016 Carlos Drummond de Andrade do Instituto Francês do Brasil, contou com o apoio do Ministério francês da Europa e das relações exteriores.

[2018]

Índice

Nota da tradutora

Como apresentar um autor que "não escreveu nenhum de (seus) livros"? Seu nome, Marcel Bénabou, está escrito na capa do objeto que o leitor tem nas mãos e o objeto parece bem um livro. E Marcel Bénabou, que nasceu em Meknes, Marrocos, em 1939, vive em Paris desde 1956. Professor emérito de história antiga pela Université Paris 7, onde lecionou até 2002, é grande conhecedor da resistência africana à romanização. Foi cooptado pelo Oulipo em 1969, pouco depois de seu amigo Georges Perec entrar para esse seleto grupo de literatura potencial. A própria formação de Marcel Bénabou, no cruzamento de diversas tradições (judaica, magrebina, greco-latina), constitui uma mina de ouro: diversidade cultural, erudição, alquimia das línguas; tudo parece pronto para que, na surdina de uma vida acadêmica, surja um verdadeiro escritor.

Mas agora, e o livro? Como pensá-lo, como classificá-lo? Seria uma autobiografia? Seria um "ensaio sobre a dificuldade de escrever", subtítulo à primeira edição francesa, de 1986, não retomado depois? Em todo caso, trata-se de uma obra insólita, na qual se descobre que uma voz – do herói, do narrador, talvez do autor – medita sobre sua relação com os livros e sobre as razões que impedem de escrever. Que impedem ou que forçam a escrever?

Enfim, o livro parece um livro (título, páginas, capa, prefácio, capítulos, epígrafes...), mas aqui tudo soa um pouco suspeito ou exagerado: o número de epígrafes a cada início de capítulo; a estranheza dos próprios títulos dos capítulos (*...Título*, *Primeira página*, *Momento de pausa número um ... A ordem das palavras*, *Última palavra...*); as citações implícitas no corpo do texto, que um bom leitor francófono reconheceria facilmente; a confusão entre os registros (sério/risível, narração/narrativa, passado/presente, mesmo/outro, dentro/fora). Cada página parece remeter à sua própria execução. Numa *mise en abyme* constante, os atos de uma espécie de não-obra são teatralizados. Obra por se fazer? É que o livro do fracasso parece mesmo uma obra-prima.

Muito já se falou da *mise en abyme,* termo que André Gide tomou da heráldica, observando nos brasões o procedimento que constrói "em abismo" um segundo brasão dentro do primeiro. Filme dentro do filme (como em *Oito e meio*, de Fellini), peça dentro da peça (*Hamlet*), quadro dentro do quadro (*As Meninas*, de Velásquez), o recurso não se restringe à arte verbal, metaforizando sempre a autorreflexividade da linguagem. Bénabou problematiza no livro sua própria produção, tornando como que visível a construção mútua do escrito e do escritor.

Bénabou afirma que, na concepção e na execução da maioria de suas páginas, *Por que não escrevi nenhum de meus livros* inscreve-se na linhagem direta dos escritos oulipianos. O Oulipo – ***Ouvroir de Littérature Po**tentielle* – surgiu em 1960, a partir do encontro de escritores que desconfiavam do culto à genialidade do autor e da espontaneidade da escrita, num momento de grande explosão do formalismo e da utilização iniciante do método estrutural em literatura. Sob a influência tanto de Rabelais quanto de Raymond Roussel (autor de *Como escrevi alguns de meus livros*), do grupo Bourbaki e do Colégio da Patafísica, o Oulipo foi criado sem alarde por François Le Lionnais e Raymond Queneau – que pertencera ao grupo surrealista, mas o deixara. Sem espírito polêmico e sem dogmatismo, as ambições do grupo eram antes modestas, pois não se tratava de fundar uma escola, um novo "ismo" com sua doutrina, seus manifestos, seus ditames e a habitual *tabula rasa* das vanguardas. O propósito era pôr em prática uma pesquisa discreta, erudita e de longo prazo, visando a inventar ou reinventar regras de tipo formal para qualquer um que quisesse escrever. Não se tratava de fabricar escritores. Ser escritor é uma atitude pessoal e social antes de ser uma técnica. Essa escolha complexa remete mais a um desejo do que à aprendizagem. O objetivo do Oulipo era simplesmente demonstrar que a escrita é possível aqui e agora, e que, graças aos benefícios das restrições, ela pode ser praticada coletivamente, de forma artesanal e divertida. O Oulipo pretendia realizar experimentações na linguagem a partir de antigas práticas retóricas, mas também inventar novas *restrições* – as famosas *contraintes* – que pudessem paradoxalmente guiar o esforço de criação, liberando da autocensura. Para o oulipiano Italo Calvino, o homem começava a "compreender como se desmonta e se remonta a mais complexa e mais imprevisível de todas as máquinas: a linguagem".

Uma restrição de escrita caracteriza-se por ser *formulada*, ou seja, pela enunciação explícita de uma regra que funciona como um modelo para a fabricação de um texto. Essa formulação implica uma intencionalidade: a prática literária sob restrição e a eleição de uma restrição particular provêm, para o escritor, de uma escolha voluntária e consentida. Elege-se uma ou várias restrições de escrita, formula-se claramente o enunciado dessas regras e fabrica-se um texto a partir dessa escolha. Eis a definição da prática oulipiana de escrita sob restrição. Entretanto, *as restrições libertam*. O paradoxo, apontado por Michel Leiris a propósito de Roussel, reside no fato de que a sujeição voluntária a uma regra não convencional difícil, exigindo muita concentração no significante, viria distrair o autor de seus mecanismos de censura. Segundo o próprio Marcel Bénabou, a ausência de restrições, ou diretrizes, teria conduzido exatamente aonde ele não queria ser levado pela escrita: *ao deserto morno do narcisismo e da complacência*.

O gosto pelo jogo verbal ajudou Bénabou a constituir um método de trabalho, à maneira de Roussel, Perec e Brisset, que repousa no deslocamento fônico de certas palavras dentro de um enunciado. Assim, as variações homofônicas da palavra *littérature* (literatura) deram-lhe as sequências LIS TES RATURES ("leia suas rasuras") e LIE TES RATURES (do verbo *lier*, ligar, reunir: "junte suas rasuras"). A simples e sonora repetição da palavra *littérature*, na língua francesa, faz ouvir a diferença entre dois imperativos (Leia suas rasuras. Reúna suas rasuras): um simples deslocamento fônico e, quem diria, musical. *Déjà*: *lis tes ratures*, *lie tes ratures*. A ideia de um livro feito de rasuras, rascunhos, destroços, projetos anteriores inacabados impôs-se imediatamente ao autor. O que engendrou todo um capítulo, "Remembramentos", em que explica que foi a partir da releitura das correções e das rasuras feitas sobre anotações prévias, que surgiu enfim uma ligação lógica permitindo agrupar e transformar alguns desses fragmentos em texto. A partir daí, Bénabou encontra a sugestão metodológica para fugir da paralisia de escrita na qual se encontrava.

Escrever é abandonar possibilidades, associações? É cortar, diminuir o número de palavras. E também reler, remontar, reunir.

Jogo, desvio, torção, deslocamento, distância, vazio – através dos quais as palavras se afastam da banalidade, ou seja, da "significação" imediata e funcional. São esses passes, no sentido mágico, essas dobras, esses hieróglifos, que conferem volume à linguagem, à literatura.

O livro – todo livro – é livro por vir. Ao entrar no jogo, o leitor escreverá o livro junto com o autor.

ANA DE ALENCAR

Para Isabelle

Ao compreender que a definição inicial de meu tema, ao mesmo tempo que deveria ser breve, deveria ter um potencial rico o bastante para que todas as peças da obra não fossem senão dependências dela, busquei-a por um longo tempo; a primeira frase de Belphégor *me tomou anos.*

J. BENDA, *La jeunesse d'un clerc*

Ao leitor

As primeiras linhas de um livro são as mais importantes. O cuidado com elas nunca é pouco. Críticos e leitores profissionais confessam, sem pudor, que julgam uma obra por suas três primeiras frases: se elas não lhes agradam, eles param a leitura ali mesmo e não hesitam em passar, com alívio, para o próximo livro.

Foi esse cabo perigoso que você, leitor, neste instante, acabou de atravessar. Uma vez que, daqui por diante, não poderei fingir que ignoro a sua presença, que me seja permitido cumprimentá-lo por sua coragem, seu espírito de aventura. Acreditando em alguma estranha bandeira que encobre sabe-se lá que tipo de mercadoria, você se lança à leitura de uma obra desconhecida. Há, nisso, uma espécie de audácia que se poderia crer em desuso.

É verdade que – sem querer desmerecê-lo – os riscos incorridos nesta jornada não parecem enormes: a obra tem dimensões modestas e, por pouco que se tenha tido oportunidade de frequentar as produções oulipianas, poderá não desconhecer o nome que consta na capa.

Mas talvez o perigo esteja exatamente aí. Quem sabe para que tipo de expedição podem querer arrastá-lo? Permita-me, entretanto, dar-lhe algumas garantias e afastar possíveis mal-entendidos.

Sem dúvida, você deve estar pensando que, por mais considerável que seja o número de livros (todas as categorias incluídas, do libelo com poucos folhetos às mais vastas enciclopédias) produzidos por mais de sete mil anos (deve existir uma avaliação, ainda que aproximada, em alguma obra especializada), seria, no mínimo, um disparate pretender fundamentar sua singularidade no simples fato de não se ter nenhuma participação pessoal nessa produção sempre renascente; em resumo, não ter escrito nenhum livro não deveria bastar, a seu ver, para definir um homem e nem mesmo para arrasá-lo. Ninguém, creio eu, discordará disso.

Ao se reduzir a amostra de referência, no entanto, e ao se considerar não mais os homens e sua diversidade, porém um grupo mais restrito – por exemplo, o círculo de amigos, de relações, de conhecidos, no seio do qual cada um de nós se move e cujo julgamento nos importa –, as coisas se apresentam sob outra luz. Em um meio no qual escrever e, sobretudo, publicar livros é não somente uma atividade, como também um valor (por vezes o único que subsiste ao termo de uma longa derrocada), singularizamo-nos fortemente ao nos excluir do páreo. E essa singularidade merece ser examinada: quer irrite ou emocione, quer encante ou incomode, ela suscita, nas pessoas mais próximas, indagações que não podem ser negligenciadas.

Para responder a elas, há certo número de vias que não tenho a mínima intenção de percorrer. Eis aqui um inventário nada exaustivo:

» louvar os méritos da oralidade com relação à escrita;

» vilipendiar a linguagem, relegar as palavras ao descrédito, lamentar a impossibilidade-de-toda-comunicação-verdadeira;

» acomodar-me no inexprimível, preconizar o silêncio como valor supremo;

» celebrar a vida, o corpo-a-corpo com o real, como superiores à escrita;

» florear os temas da abstenção-preferível-à-ação ou da inutilidade-de-empreender em um mundo-destinado-de-todo-jeito-à-destruição-e-à-morte.

Se não escrevi nenhum de meus livros, certamente não foi porque sonho em acabar com a literatura; não escolhi a esterilidade como forma de realização, nem a impotência como modo de produção. Não desejo destruir nada. Muito pelo contrário, estou decidido a respeitar as leis do mundo dos livros.

Assim, existe uma regra não escrita que decreta que os escritores – e quanto mais os não-escritores – não publiquem suas não-obras. Sem o quê, os editores, que já não sabem o que fazer com as pilhas de manuscritos recebidos, ficariam submersos numa grande onda de fundos de gaveta. Admite-se também em geral, e pelas mesmas razões talvez, que é preciso estar morto (e ser – ao menos um pouco – célebre) para se ter direito, um dia, à publicação de seus papéis inéditos: miscelânea de notas, projetos, reflexões que um homem envolvido com a escrita não pode deixar de acumular vida afora, material ainda bruto que aguarda seu lugar em uma obra por vir.

A essas duas regras não desejo de modo algum me contrapor, seja lá por que viés. O que tampouco significa que busco construir um modelo que explique, na linguagem de um determinismo rigoroso, as razões pelas quais eu deveria não escrever.

Esse livro, se um dia terminado, será o produto de uma corrida disputada entre diversos "demônios" (no sentido socrático, é claro); os da dúvida e da ironia, no último minuto, terão cedido o passo àqueles do rigor e da fé. Mas, por enquanto, o espectador dessa corrida sou eu e ainda nem sei para qual dos concorrentes deveria torcer.

O AUTOR

Título

O livro é o objeto ampliado do título ou o título ampliado. O texto do livro começa com a explicação do título, e assim por diante.

NOVALIS

Por que não escrevi nenhum de meus livros. Para muitos ouvidos, a fórmula soará como provocação: não haveria, por trás da reprise e do desvio de um título tão renomado, o desejo presunçoso de afirmar um parentesco, até mesmo (oh sacrilégio) uma identificação (ao menos na abordagem) com Raymond Roussel? Se tal fosse o caso, seria pueril. Uma coisa era entregar, meio século atrás, numa enigmática revelação póstuma, alguns (bem poucos, em verdade) dos segredos de fabricação de uma obra que tivera tempo de fascinar ou de intrigar seus leitores (e que leitores!); outra, é pretender despertar, hoje, o interesse de um público indiferente, ao explicar por que livros dos quais ninguém ouviu falar (e com razão) não foram dados à luz.

E a substituição apenas do *por que* pelo *como* bastaria para denunciar, aos olhos das pessoas sérias (que, como se sabe, no mundo das letras são legião), a inanidade de qualquer tentativa de aproximação.

Se não é provocação, seria então um paradoxo, um desses produtos absurdos das aporias da linguagem? À maneira dessas frases que destroem o que enunciam pelo simples fato de o enunciarem (todo mundo tem exemplos disso na memória, nem que seja aquele, tão repisado, do cretense que proclama os cretenses mentirosos). Nesse caso, o leitor (para a comodidade da elocução, presumimos que haveria de ter pelo menos um) poderá protestar (à condição, claro, que tenha gosto por esse gênero de diálogo fictício, procedimento deveras cômodo que muito se usou, outrora, em romances excelentes, sendo depois descartado como um barbante usado, mas que agora tende a retornar com força graças à informática, sob o apelido melodioso de interatividade), o leitor, portanto, poderá dirigir-se ao autor (denominaremos assim, por convenção, quem nos fala) com uma mal contida indignação, afirmando que existe pelo menos um livro que ele, o autor, escreveu, e que é precisamente este que ele, o leitor (ou seja, você) tem precisamente em mãos, este mesmo que é objeto destas elocuções embaraçadas. O autor (ou pelo menos aquele que daqui por diante nos é dado como tal), mal se esforçando, poderá a isso bem responder. Com respostas que hão de calar o bico do leitor: é sabido, no mais das vezes, que só se concede a palavra ao leitor para, em seguida, brilhar às suas custas.

O autor poderia, portanto, retorquir que a literatura é, por excelência, o lugar do paradoxo. Não teria uma voz autorizada afirmado precisamente que escritor é aquele no qual, *ao lado do homem angustiado, subsiste um homem com sangue-frio, ao lado do louco, um ser sensato e, unido em seu íntimo à mudez de quem perdeu todas as palavras, um retórico, mestre do discurso*? Mas essa não será a linha de defesa escolhida pelo autor: outras vias, com abordagem menos austera, são-lhe oferecidas.

Ele poderá alegar que seu título é menos paradoxal do que parece. Quando declara que não escreveu nenhum de seus livros, ele talvez queira dizer, dependendo de que elemento seja acentuado em sua declaração: que ele teve seus livros escritos por outros, prática não rara e da qual já não se sai mais aviltado como antes; ou que ele escreveu os livros de outros, prática no mínimo tão difundida quanto a anterior, embora bem menos honrosa; ou ainda que ele se contentou de conceber seus livros sem chegar a confiá-los ao papel; ou, enfim, que ele escreveu algo diverso do que usualmente nomeamos livro.

De resto, poderia ele acrescentar, nada obriga a identificar aquele que diz *eu* com ele, o autor. Sabe-se ao menos se ele tem um átomo sequer de solidariedade com aquele personagem? Afinal *eu* é apenas uma palavra como outra qualquer, uma simples ferramenta – cômoda por vezes – com a qual, todavia, não é proibido brincar, sob a condição de que esse jogo não se torne, como ocorre às vezes, uma trapaça.

Ele confessará então que por um instante ficou tentado – para não ter de responder pela proliferação futura dos *me*, dos *eu* e dos *mim* que, antes dele, já preocupara o autor de *Henri Brulard* – a inventar, por conta própria, um Henri Brulard (teria dado a ele um nome cuidadosamente escolhido, tal como Marc Gouggenheim, Martin Burnacs ou Mathias Flannery) que carregasse sozinho a responsabilidade por isso; mas já não se sentia com disposição, nem à altura para rivalizar assim com o estado civil, exercício outrora praticado com demasiado talento para que alguém ainda ousasse retomá-lo. Por isso, perguntou-se também se o melhor não seria recorrer ao mais comprovado dos procedimentos, o dos papéis confiados por um desconhecido em total sigilo: o narrador então teria apenas transcrito a confissão desse personagem misterioso, acrescentando a ela comentários de sua lavra, sob o olhar meio divertido, meio enternecido, de um autor olimpiano. Essa pequena cascata de duplos, cujas dissonâncias sutis ele teria manejado com cuidado, sem dúvida, teria sido para ele o meio mais seguro de não se implicar naquilo tudo que virá a seguir.

Mas sua indecisão natural não lhe permitiu decidir. Pareceu-lhe finalmente absurdo usar de tanta astúcia para se defender de acusações que talvez ninguém tencionasse fazer. Afinal, cada um é capaz de distinguir um autor real de um autor potencial ou, mais simplesmente, um escritor de seu herói.

O leitor, se a penosa sutileza dessas preliminares ainda não o tiver desencorajado, já terá com certeza entendido que esta obra não pertence exatamente à mesma categoria de objetos, não se situa no mesmo plano que os livros – aliás, inexistentes – aos quais se refere o título. Em outras palavras, retomando uma fórmula que deve muito, como sabemos, a Diderot e a Magritte, *isto não é um livro*.

— O que é então? Um tardio rebento da falecida aliteratura, um avatar do defunto antirromance, uma nova versão do livro sobre nada?

— Ah! Não vamos entregar o ouro assim de bandeja, deixemos a cada um o zelo de descobrir a verdadeira natureza do que está sendo aqui proposto e de dar a isso o nome que lhe parecer mais apropriado.

— Ah não! dirá você. Há de ser muito ingênuo nosso autor para acreditar que escapará dessa com uma velha pirueta. Travado o diálogo, ele não pode decentemente parar desse modo, e o leitor de boa-fé não deixará de fazer a pergunta que se impõe:

— Em que este livro se diferencia de outros livros? Não será ele, assim como os outros, feito de palavras e de papel? Quando o deciframos, não faz todo sentido? Quando o rasgamos, não caem os pedaços?

O autor não poderá esconder seu embaraço. Seja qual for sua estima pelo leitor e seu desejo de agradá-lo, deixará a questão em suspenso. Pois não saberia, é óbvio, satisfazer essa curiosidade sem, de imediato, serrar o galho no qual tenta, desajeitadamente, estabelecer-se. Imaginemos por um instante que ele explique por que e em que isto não é um livro; assim fazendo, afasta do leitor qualquer desejo de seguir adiante.

— As livrarias, ele dirá (é o leitor quem fala), estão repletas de livros que se proclamam altamente livros e não encontram ninguém para lê-los; de que adianta perder tempo com um livro que, para início de conversa, recusa para si mesmo essa denominação?

Tal raciocínio é obviamente irrefutável. Razão pela qual o autor não tentará refutá-lo. Terá antes que admitir o fato de que se extraviou e chegou a um impasse.

Mas este capítulo já está muito adiantado agora para que ele considere mudar sua direção. Preferirá deixá-lo neste estado e propor outro que seguirá com novas bases. Para evitar qualquer mal-entendido, ele, o autor (tanto quanto isto estiver em seu poder), se manterá discreto e deixará seu narrador expressar-se livremente. Quem sabe o leitor não fique mais à vontade assim.

Primeira página

Delírio laborioso e empobrecedor é o de compor vastos livros, desenvolver em quinhentas páginas uma ideia que se pode muito bem expor oralmente em poucos minutos. É melhor fingir que tais livros já existem, e deles propor um resumo, um comentário.

BORGES

Os caminhos e as obras do pensamento que tenta o impossível são temas para inesgotável meditação. Admiramos os frutos visíveis de sua arte, mas não cessamos de pensar nas operações que não resultaram em nada de visível e cujo ato ocorreu inteiramente dentro de uma ausência impenetrável e pura. Ali o poeta realmente apreendeu o absoluto e acreditou expressá-lo em poucas palavras por um prodígio e combinações subtraídas do acaso.

BLANCHOT

1

No início, uma frase muito curta. Uma meia dúzia de palavras apenas; palavras simples, as primeiras que vêm, ou quase. Encarregadas, antes de tudo, de significar que aqui termina um silêncio. Mas logo após, sem uma alínea sequer, começaria uma longa frase no condicional, um desses períodos à moda antiga, em que tudo estaria cuidadosamente combinado – a escolha dos verbos, o esqueleto lógico, o número de segmentos, o comprimento e a duração de cada um – para, num primeiro momento, captar, em seguida, manter desperta a curiosidade do leitor, e enfim percorrer passo a passo (como uma criança que conduzimos pelas alamedas de um jardim que ela visita pela primeira vez, como um hóspede a quem fazemos as honras de uma casa que ele jamais penetrou) o círculo inteiro das proposições sucessivas, distribuídas – em sua diversidade muito compósita – em torno de um eixo único, para enfim fazê-lo tropeçar, através de um dédalo de incisos e de parênteses, em um último obstáculo (talvez o mais inesperado ao final desse percurso), uma cláusula que nada conclui.

A continuação certamente manteria o brilhantíssimo nível. Cada frase surpreenderia. Por sua precisão. Por sua força. E em sua sucessão veloz, formariam juntas uma cadeia de uma lógica esplendorosa.

O olho, de início, deslizaria sobre o aspecto exterior da página, para, em seguida, deter-se, pois o jogo dos brancos em torno das letras daria ao texto uma aparência insólita: os caracteres, cuidadosamente diversificados e sabiamente dispersados, construiriam uma arquitetura diáfana e, nela, o vazio pareceria tudo preencher. O corpo opaco de cada palavra ali se verteria obliquamente, discretamente, como prestes a desmaiar na brancura que o cerca. E, na errância do olhar em meio aos signos, esqueceríamos que eles compõem palavras e que elas talvez tenham um sentido.

Seria então o começo de uma obra forte (como um álcool) e dura (como o aço), também múltipla e profusa (como tudo que se pode imaginar de múltiplo e de profuso): um belo trecho de prosa descritiva, uma dessas páginas em que algumas das principais qualidades preconizadas pelos mestres antigos parecem ter marcado encontro: firmeza da sintaxe, precisão dos termos, potência oratória. Porém, o que daria mais valor a essa sequência inicial é que nela apareceria, à luz do dia, a justa medida entre o sentido, as imagens e os sons, uma adequação quase perfeita entre o movimento desenhado pelas palavras e sua carga íntima. Durante uma página ao menos, a retórica deixaria de ser escrava.

E somente ao fim dessa página, insolente e bela como um manifesto, uma voz seria ouvida, vinda de não se sabe onde, de algum lugar de exílio ou de solidão sem dúvida, uma voz de um timbre impressionante. Porém, ouvinte algum saberia reproduzir com exatidão o que ela teria dito. E saberíamos, bem mais tarde, que se tratava, desde o início, de palavras e de silêncio.

Eis pois (mas aqui já um pois? por que não, por exemplo, na conclusão de algum belo silogismo?), eis pois minha visão das primeiras palavras (enfim, não primeiras de fato: antes existiriam algumas outras, as do título, do prefácio – se houver –, das epígrafes, das dedicatórias, e assim por diante) do que deveria ser (se conseguir um dia terminá-la, e sei que isso não se fará sem dificuldade) minha primeira obra.

Você irá me dizer, é claro, que há todo tipo de obra e que você ainda não entendeu a que categoria esta pertence. Um pouco de paciência! Por que querer que se diga tudo e de imediato? Estaria aí sua única preocupação: acrescentar uma unidade a mais à lista (já bastante longa, sem dúvida) das obras que você leu e que estão cuidadosamente categorizadas em sua biblioteca, como as mulheres seduzidas eram classificadas por nacionalidade no catálogo de Don Juan?

Você quer realmente que, sem demora, eu o embarque numa história mais ou menos insensata, que eu lhe apresente personagens mais ou menos bem caracterizados, envolvidos em conflitos mais ou menos verossímeis? Se for o caso, isso acontecerá em breve. Pense antes no elogio encantador que Mallarmé, bom profeta, fez a Gide sobre *Paludes*, cumprimentando-o por ter encontrado "em suspensão e em diagonal uma forma que se impunha e que não será mais retomada"... Saboreie, pois, o momento de trégua – raro – que a situação presente lhe oferece. Você já leu várias páginas dessa primeira obra de um desconhecido e você guarda ainda (pelo menos é o que ouso esperar) todo seu frescor. O assunto – se existir um – ainda não foi de fato deflorado; mal começa a ser abordado. Até agora sua mão não deixou de tremer nem uma vez ao virar a página. Em suma, sua espera é a mesma que a da primeira linha.

2

E se eu lhe dissesse, por exemplo, que se trata de um romance cujo herói é um escritor, um escritor extraordinariamente fértil, porém marcado por uma maldição: ele sabe que o fim da sua vida coincidirá com o fim de um dos seus livros (mas, claro, não sabe qual). Por isso, adotou como restrição nunca levar a cabo nenhum de seus projetos literários. Lança-se apenas em empreendimentos desmesuradamente ambiciosos, com a esperança de que, o cansaço e o desencorajamento ajudando, não conseguirá acabá-los. Cada projeto abandonado preserva suas chances de sobrevida: agrada-lhe multiplicá-los. Mas o que toca seu coração é o projeto em que propõe contar sua própria história dia-a-dia; pois, essa história, ao menos, ele sabe que não terminará em vida.

Mas poderia se tratar também de outro herói, em outra situação: a história narraria o retorno à vida de um homem que, na sua juventude, sem ter cometido crime algum, sem ter sido objeto de nenhuma perseguição, condenou-se a uma pesada pena (vinte anos de reclusão e de silêncio); tendo conscientemente purgado sua pena até o término fixado, ousa enfim questionar tal condenação íntima, cujas obscuras premissas busca doravante reconstituir.

Talvez você pertença ao grupo dos que não gostam de alegorias, sobretudo quando elas são transparentes demais? Então, vamos supor que eu não tenha dito nada, e passemos a outra coisa. O que você diria de um outro tipo de roteiro mais realista? Como o que segue.

» Imaginemos uma velha e nobre família (no sentido antigo da palavra) chegando ao fim de uma história que conheceu momentos gloriosos, marcados por uma sucessão de antepassados de peso; vive, desde então, na nostalgia desse passado perdido e transferiu, para o último dos descendentes, sua esperança de vingança e seus sonhos de restauração. Mas o beneficiário dessa missão, carregado de mais esperanças do que pode suportar, assustado com a responsabilidade que lhe é imputada e para a qual se sente inábil, prefere se refugiar na inação.

» Ou então esse outro: a história seria a de um homem criado no culto aos livros e que atravessa, durante um número indeterminado de anos, uma crise, como aquelas que periodicamente surgem para desvendar brutalmente o caráter ilusório do que se acreditava fundamental: crise que o leva inicialmente a rever valores e cultura, que em seu paroxismo toma a forma de uma fuga diante das tentações persistentes da escrita, e que finalmente se acalma e se resolve numa paz que recoloca as coisas em seu lugar. Mas não é mais realmente o mesmo lugar; é o recomeço de tudo para ele. Isso poderia assim tomar a forma de uma confissão: uma lenta busca do que pôde ser, em um determinado momento, a causa de seus fracassos, do que o fez tropeçar.

Daqui, vejo suas reações: você, leitor, fica amuado e você, leitora, não se contenta. Nenhuma dessas histórias os seduz. Vocês aqui nada veem a não ser uma combinação infeliz de clichês e outros tantos lugares comuns de uma modernidade um pouco amarfanhada. De que serve, dirão, acrescentar uma biblioteca imaginária a uma série já demasiado longa? Não contem comigo para contradizê-los nesse ponto. A afirmação não é meu ponto forte e o ponto de vista do interlocutor sempre me parece bem superior ao meu.

Sei, no entanto, como poderia ter tratado cada um desses assuntos. Teria tido prazer em afogá-los na abundância, exuberância, opulência e profusão de um vocabulário escolhido, sem temer o excesso ou a pletora, o transbordamento ou a redundância. Teria despejado uma avalanche de palavras (a golpes de pá, com carrinhos de mão ou em carroças), preocupando-me sobretudo com assonâncias. Teria para isso depenado, um após outro, vinte dicionários especializados: o de história natural (ah! as palavras da zoologia, da botânica, da ornitologia, da ictiologia), aqueles de medicina, de arquitetura ou de música, de gastronomia ou de náutica. Atentaria sobretudo para os deliciosos termos da caça, da heráldica ou da falcoaria e, claro, também, para os da navegação à vela, ainda carregados de tanta nobreza poética. Mas você teria logo compreendido que tal ostentação só vinha dissimular outra coisa: uma inquietude fundamental, que me pareceu, no fim das contas, mais honesta (e bem menos longa) de confessar sem rodeio. Ora, está feito.

3

Cheguei, claro, um pouco atrasado à tropa daqueles que fazem do livro, o assunto de seus livros, da escrita, o tema de seus escritos. Que posso fazer? Não sou responsável pela época da minha vinda ao mundo. Sim, esse tema foi, ao menos durante uma geração, o mamão com açúcar, o café com leite, de cem literatos diversos; sim, eu mesmo quebrei a cabeça cem vezes com esse gênero de obras, com os comentários que suscitam, a ponto de jurar que nunca mais entraria nessa dança. Agora, no entanto, nada além disso me tenta. Mas fiz, antes, inúmeras tentativas impondo-me diversas restrições.

Sonhei com um livro em que tudo devesse ser tomado em seu sentido mais simples, mais óbvio. Nostalgia de uma literatura em estado selvagem, ainda marcada por sua inocência, por sua pureza nativa. De uma literatura que soubesse me restituir, em sua integridade, esse sentimento de harmonia com o mundo que me penetrava em certos momentos de minha infância (as manhãs sempre ensolaradas de sábado, pelo caminho familiar que levava à sinagoga, ou nas noites de grandes festas, quando de pé eu entoava orações à direita do meu pai). Um livro cuja estrutura ignorasse, em sua simplicidade, o tempo na gaveta; um livro do qual seria banido qualquer espécie de espelho, em que se procuraria em vão a menor superfície capaz de refletir a imagem dos objetos; um livro em suma que não se outorgasse quaisquer facilidades da *mise-en-abyme* ou dos jogos especulares.

Para consegui-lo, quis limitar-me a cenários tomados da natureza, a elementos colhidos no coração do concreto:

» a sombra que desce por uma tarde de verão sobre uma paisagem de lago na montanha, enquanto um barco se distancia da margem, tendo a bordo dois adolescentes;

» por uma noite quase branca, a lua se refletindo na neve fresca e, ao fundo, o clarão vermelho de uma lanterna sobre uma ponte de madeira antiga;

» um galho de tília em flor, perto de um ramo de papoulas, num vaso de cristal, sobre uma mesa pesada de madeira de pau-rosado.

Mas invariavelmente, ao cabo de algumas frases, encontro-me preso num encadeamento que conheço bem. Toda paisagem se metamorfoseia em estados de espírito, todo cenário se torna símbolo.

Por todas as partes, crescem prolongamentos misteriosos que os colocam em comunicação íntima com todo tipo de mito. Os objetos e os lugares aos quais me agarro se dissolvem. E logo me encontro na periferia do universo dos livros: às realidades concretas, substituem-se os mundos criados.

Assim, redigi sem muito esforço e, não raro, com intenso júbilo, uma grande quantidade de primeiras páginas: se alguém um dia se interessar por isso, poderia compor uma antologia à qual talvez não faltasse tempero. Pude também algumas vezes, com muito mais cansaço, escrever até o fim um pequeno número de "primeiros capítulos". Mas duvido que valha a pena reagrupá-los: logo se perceberia a semelhança. Neles encontraríamos sempre, reconhecível sob seus disfarces diversos, o mesmo herói irresoluto, um Hamlet de biblioteca com o andar flutuante, às voltas com o mesmo complacente leitor: arrastando-o para mostrar seus lugares de predileção (as coxias empoeiradas de um teatro onde jamais foi montada ou mostrada qualquer peça; a sala de espera gelada de uma estação de trem de subúrbio cuja linha nunca fora posta em serviço; no estaleiro recentemente desativado, a carcaça quase inteira de um navio pesqueiro que nunca fora ao mar; o pórtico neoclássico de um abatedouro modelo onde jamais sangue de animal algum fora derramado); impondo-lhe, por vezes, entre uma e outra frase anódina, confidências sobre a língua e a infância, os livros e o silêncio; experimentando em si mesmo os laboriosos achados do seu estilo, em que as pontas de um humor amargo formam um par curioso com baforadas de pedantismo lacrimejante.

Com tudo isso, jamais consegui terminar um primeiro livro, como se a perspectiva de alinhar capítulos que não fossem apenas estopins, premissas, promessas ou logros, mas que devessem constituir os elementos de um conjunto organizado, bastasse para me tirar a vontade de prosseguir.

Mas talvez agora seja você, leitor, que, sacodido em meio a todos esses possíveis, cansado das manobras que o fazem pisotear na soleira desta obra, tenha perdido de vez o desejo de continuar. Nesse caso, que pena. Quero dizer, que pena para mim: se eu tiver conseguido, em poucas páginas, desencorajá-lo de me ler sem nem ter dito quase nada do que eu queria dizer, é que, no fundo, eu não devo ser aquele que pensava ser. Pois, de fato, ainda que só tenha redigido fragmentos interrompidos, nunca deixei de me achar um literato. Uma curiosa situação, na verdade. Você não acha que ela poderia ser a matéria de um verdadeiro primeiro capítulo, mais satisfatório que aqueles que lhe foram despudoradamente infligidos até agora?

Remembramentos

Preste atenção: escrever livro é um trabalho sem fim e muito estudo cansa o corpo.

O ECLESIASTES

O leitor que busca romances acabados não merece ser meu leitor: ele próprio já está acabado antes de me ler.

M. UNAMUNO

Toda obra acabada é a máscara mortuária de sua intuição.

W. BENJAMIN

As obras morrem; os fragmentos, não tendo vivido, tampouco podem morrer.

CIORAN

Os tolos são aqueles que dizem: de mim ninguém ri.

M. UNAMUNO

Chateaumoulin, Andé, Mormoiron, Eygalières, Vert, Port-Cros, Dampierre, eu poderia ainda acrescentar outros nomes ao início desse inventário. Valeria a pena? Não é indispensável que um inventário esteja completo. Esses são os nomes dos lugares onde me retirei, há vinte anos, durante uma parte do verão: casas de campo, grandes ou pequenas, austeras ou confortáveis, nas quais minha memória hoje encontra uma familiaridade.

Mal termina o ano escolar, uma espécie de ritual interior começa. Deixo Paris depois de ter reunido livros, pastas e anotações, e tomo solenemente a decisão de me dedicar à escrita na totalidade de meu tempo: longos dias escaldantes em Eygalières ou em Chateaumoulin, tardes mais clementes na pequena sala azul da casa de Feucherolles, perto de Dampierre. A solidão, assim, não me pesa.

Cada dia, durante duas, três ou quatro semanas, sento-me diante da mesma paisagem: os flancos secos dos Alpilles, os bosques ainda cobertos pela neblina do Vale de Chevreuse, os despenhadeiros nus do Ventor, ou ainda a árvore única do jardim de Vert, cujo tronco morto tornou-se quase invisível, envolto pelo transbordamento espesso, redobrado, de uma hera que tudo invadiu. Eu que durante muito tempo nunca pensei olhar verdadeiramente a natureza, inicio-me pouco a pouco na contemplação minuciosa. Aprendo a ver as diferenças entre os cinzas e os ocres dos rochedos, entre as múltiplas variedades do verde. Posso seguir, e até prever, o deslocamento das zonas de sombra e de luz segundo os momentos do dia: aqui, o sol fará surgir uma longa faixa de água entre duas margens desertas; ali, uma fila singela de álamos; mais adiante, algumas casas antigas separadas por jardins, alamedas de madressilvas, de jasmim ou de clematites. Proibi-me qualquer outro derivativo: cigarro, álcool, jornal, nem mesmo a música penetra nesse cômodo decorado com austeridade. O teto não possui molduras decorativas; nas paredes não há tecido algum, nem mesmo uma rachadura sobre a qual se perderia o olhar. Mas se a paisagem diante de meus olhos se modifica sem cessar, o papel branco diante de mim não se altera, por assim dizer.

1

Entretanto, meu primeiro gesto, já no primeiro dia, foi desembrulhar meus escritos anteriores, as páginas tão regularmente relidas na chegada do verão a ponto de se tornarem, para mim, indissociáveis do calor, do gosto do pêssego e do cheiro de melão. São folhas de cores, de épocas e de formatos diversos. Algumas – as maiores – vêm de muito longe. Velhas companheiras maltratadas, são a elas que mais me apego: contêm rasuras, correções, comentários, por vezes, datas. As outras, menos carregadas de nostalgia e de arrependimentos, têm uma aparência mais austera: minúsculos retângulos de papel

– o quarto de uma folha normal – cuja escrita raivosa é difícil de reler, imprensados em pastas de bristol cinza finamente canelado, amarradas com elásticos meio esgarçados.

Espalhei-as sobre a minha mesa em pequenas pilhas; mas como mesa alguma nunca é grande o bastante para contê-las, tive de juntar uma mesa de bridge. E, com satisfação – pois esperava por esse momento havia meses –, comecei a examiná-las, sistematicamente, tentando seguir com escrúpulo a ordem na qual estavam classificadas.

Reli, então, todas essas linhas antigas, curtas ondas precocemente quebradas. Perscrutei-as longamente, certo de que continham, em sua confusão aparente, a chave do enigma que propõem.

Mas não veio nada. Nenhuma iluminação. Ao contrário. É como se uma espécie de erosão tivesse ocorrido; e encontrei nesses textos apenas uma fraca parcela do que pensava neles ter colocado. Através de que séries de prismas teriam passado até atingir esse grau de insignificância? Onde estava o peso de cada palavra, seu volume, seu sabor?

Essas lembranças, esses pensamentos, essas paisagens, que um dia me pareceram dignos de serem conservados, anotando-os, eu os despojara do que neles seduzia. Se eu os simplificara dessa forma, reduzindo-os ao essencial, foi com a ilusão de que isso me permitiria dispor de um material manejável, submisso à minha única vontade e ao qual, em função das minhas necessidades, eu pudesse sempre restituir a espessura. Chegado o momento, porém, descobri que não era assim: não tenho nenhuma liberdade diante desses textos.

O fato é que eles resultam meramente de um longo processo de aglutinação. Os elementos ali contidos pertencem às múltiplas linhas que se cruzaram para constituir minha história e, por trás dos deslocamentos e das contradições, desenham-se as silhuetas de diversos personagens que envelheceram em mim.

Como sempre, incumbi-me primeiramente de procurar uma nova classificação para tais fragmentos, pois não perdi afinal o desejo de chegar a um conjunto coerente. Mas os critérios que me servem para constituir os grupos não tardaram a me parecer arbitrários ou francamente absurdos. A cronologia? Ela obriga a misturar temas que não têm relação evidente. E a temática, então? Ela não leva em consideração exigências do gênero ao qual cada fragmento, a princípio, se destina. Quanto à ordem alfabética, ela conduz a encontros insólitos demais.

Fabrico, portanto, apenas compostos instáveis, sempre prontos a se desfazerem. E, como esses afásicos que falham em ordenar novelos de lãs multicoloridos, recomeço sempre: transfiro as fichas de uma pilha para a outra, suprimo pilhas para criar outras que não me agradam mais do que as precedentes. Trata-se de um interminável jogo de cartas, um tipo de paciência cujas regras eu não saberia precisar. Pois como circular nesse mundo em que reina o descontínuo, o descosturado, o inacabado, o parcial? Devo limitar-me a buscar apenas o insignificante sob o pretexto de que seria o único lugar da significação? É impossível fechar os olhos para a absurda desproporção entre o esforço e o resultado.

Procrastinei, portanto, meu trabalho de ordenação, preferindo, para ganhar tempo, abordar a fase da escrita propriamente dita. É então que descubro o quanto a minha linguagem é avara: as palavras só me vêm com parcimônia, minha garganta padece para articulá-las. Algumas terminam por se reunir; sinto que coçam; querem se impor; mas morrem antes de terem sido anotadas, ou então, recusando-se obstinadamente a vir à luz, atravessam-me a garganta como uma espinha de peixe.

De repente, minha mão se descontrai de uma só vez. Começo uma página, uma dessas páginas cujo formato escolho tão reduzido quanto possível, para evitar ser ofuscado pelo excesso de brancura. Sei que minha pena não deve se distanciar o mínimo que seja do papel. Deve fazer corpo com ele. A mínima separação pode ser fatal. Sobretudo, não deixar passar nada...

Algumas linhas, e em certos casos apenas algumas palavras, bastam para satisfazer meu desejo de escrita, para apagar minha vontade de prosseguir. O contato da pena com a folha opera agora como uma varinha de condão às avessas: ele dissipa a ilusão, devolve ao espírito o seu vazio.

Um longo quarto de hora relendo a (ou as) frase(s) apressadamente anotada(s), verificando o ritmo por uma escansão meticulosa (sobretudo não deixar o alexandrino se expandir!), convence-me, mais uma vez, de que qualquer novo esforço seria supérfluo: essas linhas bastam-se a si mesmas e, boas ou ruins, não suportariam mais enfeites. E, por um instante, sinto-me como se tivesse liquidado uma dívida.

Somente para cair, logo depois, na convicção de que esse novo passo, mesmo minúsculo, no caminho da escrita, criou para mim novos deveres, novas obrigações, que um dia ainda hão de cobrar realizações bem mais sérias. Convicção essa que basta para relançar belamente o mecanismo da má consciência e da paralisia.

Assim, à medida em que o verão avança, minhas exigências decrescem. Renuncio ao livro sonhado. Nenhum júri neste outono terá o prazer de lançar louros sobre *Os antigos parapeitos* ou sobre *Falsas janelas*. Nenhum editor se arrependerá de não ter adquirido para a sua mais prestigiosa coleção *As aulas mortas na escola*, nem de encomendar cem mil exemplares de *Brasas na sardinha*. Nenhum crítico de revista poderá vangloriar-se de ter conseguido desvendar o segredo de *Criptogramas,* nem de haver indicado, à admiração de seus leitores, *Um pássaro na mão*. Os livreiros não terão, quando enfeitarem suas vitrines para as festas, *Cartas brancas;* e o público não virá em massa pedir por *O maná*. Nem por isso me refugio no "elas estão verdes demais" que já não me engana.

Estou disposto, portanto, a me contentar com poucas páginas, até mesmo com uma única, contanto que ela me satisfaça sem reservas. Contanto que me livre, ainda que por pouco tempo, desse pensamento – constantemente presente no pano de fundo – de que, mais uma vez, estou perdendo meu tempo. Perdendo-o tolamente. Pretensiosamente.

Pois, em nenhum desses lugares, consegui escrever as obras que tinha planejado.

2

Basta eu me encontrar na obrigação de terminar um trabalho urgente – que não tenha nada a ver com minhas preocupações literárias – para que tudo pareça mudar. Isso começa em geral por volta da meia-noite, quando estou a ponto de terminar um artigo. Em pleno parágrafo, quando creio que meu espírito já está bastante impregnado de seu objeto para se tornarem um só, quando as notas eruditas vêm quase naturalmente ao papel e começo a pensar com satisfação que o texto está quase pronto (pois tenho semanas de atraso e já fui repreendido secamente), uma ruptura brutal ocorre. Um hiato, e vem o vazio. Um vazio que não dura mais do que o espaço de um raio, o tempo necessário para que eu tome consciência. E depois, a saturação:

algumas frases se apresentam, não nebulosas ou desfocadas, mas nítidas, cortantes, prontas para o desfile. O mais surpreendente é que não levantam voo, não se tornam poeira quando quero fixá-las; posso relê-las imediatamente após tê-las transcrito. Grande parte do que escrevi foi assim.

No ritmo em que tais iluminações aparecem, será preciso muito tempo, sem dúvida, até reunir a matéria de um único livro. Pois meu duplo inspirado – esse fantasma edificador de frases que malignamente bloqueia meus trabalhos para ditar seus achados – só chega em horas (raras) escolhidas por ele, escreve (quando muito) três pequenas páginas e vai embora. Como fazê-lo regurgitar, e de uma só vez, tudo que ele mantém reservado? Devo espreitar a mim mesmo e manter-me em alerta nesses instantes de desdobramento?

Eu que me considerava como um homem com vastos projetos habilidosamente reunidos, sempre desconfio desses fragmentos escritos de sopetão e aos solavancos. Eles me embaraçam tanto mais que, nesses momentos intensos, já não controlo o que me ocorre em matéria de elegâncias um pouco murchas, de belezuras arcaicas.

Acabei compreendendo, no entanto, que elas, essas páginas da meia-noite, são simples válvulas de escape. Quando o encharcamento se aproxima – pois o pensamento se esgota ao seguir simultaneamente vias diversas –, essa própria saturação suscita, por um tempo, as palavras que as desativarão. Mas depois de algumas semanas, tais páginas tornam-se folhas mortas: qualquer traço de seiva se terá retirado. Restará um folheto seco.

Esses fragmentos estão, desde a origem, fadados ao estatuto de destroços. Nada poderá fixar um lugar para eles no conjunto complexo a que eles supostamente pertencem e que provavelmente jamais existirá. Nem mesmo no papel.

3

Às vezes, no entanto, parece-me que estou bem perto do objetivo. Obras, vinte vezes retrabalhadas, ganham subitamente uma direção. Desaparece então a amarga alegria que geralmente sinto diante da certeza do fracasso. Cesso de me perder no labirinto de meus rascunhos. De uma ficha à outra, basta-me alterar algumas palavras para que surja um elo. Direções, que eu achava contraditórias, cessam de parecê-lo.

Assim, por força dessas febris euforias noturnas (que podiam durar até a madrugada, como naquela noite de julho em Spéracèdes, quando os volteios aveludados de um morcego prisioneiro no sótão ritmaram obstinadamente cinco horas de trabalho intensivo) e dessas frias manipulações diurnas, consegui elaborar, graças a encaixes sucessivos, um pouco mais do que um plano-embrião: algo que começa a assemelhar-se a um texto.

Mas o que exatamente? Tenho tantos projetos, e cada um deles resulta de uma necessidade específica...

Muito rapidamente, renunciei a compor novelas. Meus pedacinhos de texto bem que teriam se prestado a isso. Portadores de uma imagem, de um cheiro, de uma sensação, são menos episódios aptos a se inserirem numa longa história, do que fugidios fragmentos de eternidade. Mas a busca desses instantes de graça roubados ao tédio não é a minha verdadeira preocupação. Gostaria, ao contrário, de trazer à tona a lonjura de onde surgem esses resíduos errantes da lembrança.

Em outros momentos, quando definitivamente nada aflora, é que, virando as costas para todo esse meu velho material, entrevejo soluções. Sim, deixar para trás toda essa tralha e recomeçar de novo. Um dia, só faltei queimar tudo, tomado pela sede de buscar alhures; já que era época dos "retornos" e que se douravam apressadamente as figuras de certos pais fundadores, quis retornar às salutares delícias da mais venerável das produções literárias: a poesia gnômica. Teria criado, em profusão (talvez meia dúzia por página), austeras figuras de sábios exóticos, bardos celtas, cabalistas eruditos, poetas pré-islâmicos, pais do deserto, monges irlandeses, mestres esquecidos do budismo e do xintoísmo – cuja única função teria sido a de proferir, no instante compreendido entre seu surgimento e seu esvaecimento, alguma sentença obscura ou provocante, logo entregue ao leitor sem o menor sinal de um modo de usar. E eu também – com um orgulho bem legítimo pelas barreiras assim derrubadas – teria construído minha morada: em algum lugar entre o tonel de Jó e o estrume de Diógenes.

Momento de pausa número um

O leitor, que desejo agradecer pela sua paciência, estaria no direito de interpelar aqui o autor para intimá-lo a se explicar.

— Você parecia ter partido da intenção, diria ele, de nos mostrar um exercício agradável, propício ao nosso divertimento. Mas eis que, passo a passo, você envereda por um caminho totalmente diverso. Eterno principiante, você confirma assim a suspeita que pesa sobre todos os seus pares: você não conseguiu redigir trinta páginas sem cair na confissão. E agora, com certeza, nela irá chafurdar sem vergonha!

Ao que o autor poderia retorquir que o leitor o conhece bem mal.

— Menos mal talvez do que você pensa. Certamente, não se trata aqui da grande revelação dos cadernos clandestinos, nem da rude carapaça que range num estrondo

de pesadelo. Sabemos bem que ele não vai falar da forma do seu crânio, nem de seus gestos corriqueiros, nem de suas desventuras amorosas. Mas quanto ao resto...

— Leitor, leitor, não cante vitória tão rápido. Certo, o projeto do nosso autor ainda está frágil, apenas um pouco mais firme sobre suas bases do que os fragmentos soltos de uma coluna antiga. Ainda assim, a pergunta que ele fez não é simples. Pareceu-lhe que não havia resposta possível sem se voltar previamente para si mesmo.

— Chegamos ao ponto! O umbigo, o umbigo, não disse?

— Sim, mas as pistas que ele achou são diversas e ele terá de explorá-las uma por uma.

— O que isso quer dizer? Até onde ele quer ir?

— Tão longe quanto possa. Mas em cada nova fase da sua descoberta de si mesmo, ele terá de alojar novos fragmentos do seu passado.

— Mas então, ainda vamos ficar muito tempo rodando em círculos?

— Sem dúvida. Mas quando pensamos que o autor está andando em círculos, na verdade ele está descrevendo uma espiral. Porque é um de seus traços característicos não se dar nunca por satisfeito, ser incapaz de parar, incapaz de fixar-se numa atitude que ele apresentaria como definitiva. Quanto ao resultado cambiante de suas explorações, você, leitor, está livre para nelas enxergar apenas reconstruções aleatórias, tardias racionalizações, sem relação com a desordem originária das coisas.

Do bom uso

Saibam que milhares de obras foram compostas por tolos e que muitos indivíduos avançados em idade, mas não em ciência, perderam seu tempo no estudo desses livros.

MAIMÔNIDES

É preciso que o escritor seja capaz de falar de tudo de maneira divertida e significante, e a fala e a escrita é que devem inspirá-lo, levando-o a escrever e a falar.

NOVALIS

Há aqueles que colocam seus livros na biblioteca, mas M... coloca sua biblioteca em seus livros.

CHAMFORT

A maioria dos livros do presente parecem ter sido escritos num único dia a partir de livros lidos na véspera.

CHAMFORT

Os livros que não escrevi, não pense você, leitor, que eles sejam um puro nada. Muito pelo contrário (e que isso fique claro de uma vez por todas), eles permanecem como que em suspensão na literatura universal. Existem nas bibliotecas, em palavras, em grupos de palavras, em frases inteiras por vezes. Mas, em torno deles, há tanto preenchimento vão, eles são tomados por tal superabundância de matéria impressa, que eu mesmo, para falar a verdade, apesar de todos os meus esforços, ainda não os consegui isolar, nem agrupar. O mundo de fato me parece repleto de plagiadores, o que torna meu trabalho uma longa perseguição, uma busca teimosa de todos esses mínimos fragmentos inexplicavelmente roubados aos meus livros futuros.

1

Talvez você seja daqueles que, como eu, não podem mais, nos dias de hoje, entrar numa livraria sem uma pontada no coração, mas que também não saem dali sem um certo mal-estar e com essa espécie de náusea: tantos livros! E, todavia, durante anos, os acontecimentos principais da minha vida foram minhas leituras.

É verdade, tenho uma irreprimível necessidade de ler para poder eventualmente escrever, ou mesmo para ficar simplesmente em estado de pensar. É verdade, minhas leituras quase sempre me influenciam: mal consigo discernir num livro o movimento que o sustenta, sinto prazer em me inserir nele, e logo percorro-o como um país conquistado. É verdade enfim que o essencial do que eu poderia dizer de original (a meus olhos ao menos) viria precisamente dessa aptidão para sofrer influências múltiplas e *a priori* contraditórias.

Isso, no entanto, havia começado bem mal. Chamava pomposamente de "pesquisas", a busca de um saber vasto e impreciso que viria completar a medíocre bagagem deixada pelos meus estudos. Mas, de fato, era pura vagabundagem. Por mais que inventasse para mim novas urgências, dominado menos pelo gosto de saber do que pelo medo de ignorar, só fazia pular, angustiado, de um tema para outro. Tudo era assunto. Hoje, quando por exemplo arrumando, caem-me às mãos certos folhetos em que anotara os títulos e as datas de minhas leituras de então, fixo-os longamente, incrédulo e consternado: que absurda bulimia foi essa que me fez devorar tantas obras cuja lembrança não guardei, nem mesmo de tê-las manuseado?

Acreditei, um dia, ter encontrado o meio de pôr ordem nessa corrida confusa. Bastava, identificando-me bravamente com meus autores favoritos, percorrer passo a passo o caminho percorrido por eles; em outras palavras, bastava decalcar exatamente minhas leituras sobre as deles (tal como revelavam suas cartas, memórias, diários íntimos). Comecei, pois, a construir listas, tarefa à qual eu me dedicava com grande consciência e ardor. Assim, armado de referências, fui à caça. Paris transbordava então de revendedores de livros velhos: os que ficavam ao longo dos cais, claro (tive ali a alegria de encontrar um exemplar – com dedicatória escrita numa letra aplicada de novato petrificado pelo respeito, dirigida a um personagem denominado Édouard Caen – da primeiríssima edição de *L'âge d'homme*); ou ainda, os do Quartier Latin, e também aqueles – desconhecidos por mim até então – das obscuras butiques de Montparnasse ou das feiras de Clignancourt e de Bicêtre.

As antigas traduções de clássicos estrangeiros detinham minha atenção: impressionantes volumes do pré-guerra, não raro mal encadernados, publicados em coleções esquecidas, por editores que já não existiam, às vezes prefaciados por assinaturas prestigiosas. Tinha de comprá-los sem mesmo ter o prazer de folheá-los, pois vinham sempre envoltos como num corpete de papel transparente que lhes disfarçava o cansaço ou a deterioração. Em meus braços, a pilha crescia, tornava-se incômoda. Exausto e feliz, voltava para casa. Dispunha cuidadosamente as novas aquisições sobre o tapete e, deitado de barriga para baixo, desembrulhava, com um gesto seco, o indiscreto papel celofane. Cada livro enfim se abria, oferecia-se. Alguns já não apresentavam mais o obstáculo (tão deleitável, no entanto) das páginas a serem abertas. Restava perfazer o essencial: a imersão na leitura. Isso frequentemente me tomava semanas; na maioria das vezes porém, antes mesmo de esgotar minha reserva, eu partia novamente à caça.

O corpo a corpo com os textos costumava provocar, até mesmo em meu sono, a eclosão de imagens das quais, pela manhã, não conseguia me desfazer. Assim, na época em que só me preocupava com os amores de Frédéric Moreau, aproximei-me em sonho, várias vezes seguidas (o que desde então quase nunca mais ocorreu), da senhora Arnoux, que tinha o rosto perfeito de France B. Com ela, vivi dois grandes momentos: o primeiro encontro, situado para mim não no *Ville-de-Montereau* soltando grossos rolos de fumo, mas em alguma alameda discreta e deserta do Jardim de Luxemburgo (perto do Lycée Montaigne), sob os olhos cegos de uma rainha da França; e o último encontro, em que ela me entregava, não uma mecha de seus cabelos, mas uma pequena chave de ouro que, dizia-me ao me beijar antes de fugir, iria me tornar invisível.

Amava com certeza tal suplemento secreto da minha vida diurna. Sobretudo porque os rastros deixados por aquelas leituras eruditas – a outra face de minha atividade – eram de um prosaísmo desolador. Menos relacionados aos meandros de minha vida sentimental, seus símbolos eram nitidamente mais rudes: uma transposição mal elaborada de meu cansaço ou de minha angústia ao cabo de uma jornada de trabalho. Em um desses sonhos (que relato aqui de forma mais elaborada e cujos elementos inseriram-se às vezes em outras tramas oníricas), estava em meio a uma tempestade, cercado por lobos que devoravam, um após o outro, os troncos de árvores calcinados onde eu tentava me refugiar. Os lobos de súbito desapareciam e eu me via no meio de um campo de ruínas diante das quais eu proferia um longo sermão. Meio escondido por uma coluna, um personagem mal maquiado (franzino, esquálido em sua toga de magistrado romano) apontava em minha direção um fuzil com mira telescópica, e eu ouvia – como um murmúrio ininteligível e longínquo – os gemidos de uma multidão reunida atrás de uma cerca de arame farpado.

Todo esse esforço, obviamente, não ficou sem resultado: em alguns anos, tinha conseguido adquirir porções de uma cultura que era, meio século antes, a cultura das pessoas de minha idade. Grandes realizações, na verdade! Até mesmo as anotações, que eu me obrigava a fazer para conferir um certo ar de labor ao que, de início, não havia sido mais do que exaltação devida ao acaso dos achados, tornavam-se estranhas para mim ao cabo de alguns meses.

2

Precisei de tempo para encontrar um dispositivo. Quanto mais ampliava minha bagagem, mais me sentia naturalmente capaz de afinar as questões que eu podia endereçar aos livros. Isso foi se tornando aos poucos uma espécie de pau-de-sebo apaziguador em que cada movimento só podia melhorar a posição do jogador. Doravante, na rede tão bem agenciada das linhas de cada livro, tinha aprendido a pescar, à maneira daqueles exercícios de presságio que praticavam em Roma com um volume de Virgílio nas mãos. Eu não largava uma página, um capítulo, um volume, sem antes ter recolhido todos os elementos que pareciam ter consonância com minhas inquietações (bastava não raro substituir *eu* por *ele* para chegar a resultados intrigantes), e tal busca das similitudes acabou gerando um embrião de corpo para alguns de meus projetos.

Eu mordiscava assim uma parte do espaço que me separava da escrita. Até então, a meu ver, havia, entre a extrema nobreza (alçada a uma majestade hierática) da arte literária e a desconcertante leveza de tudo que eu teria a dizer, tamanha distância, que a escrita não podia parecer senão um insensato empreendimento; atravessar essa distância teria sido temerariamente afirmar-se apto a agregar-se a um mirrado rebanho de quem um público ansiosamente atento esperava algo como uma revelação. Agora, ao contrário, o prazer de escrever começava a se tornar uma outra face do prazer de ler, e um sutil intercâmbio viria a ocorrer entre essas duas atividades gêmeas.

Seja como for, uma nova visão da escrita se impôs (e um novo método de trabalho): tratava-se apenas de forçar as palavras, em grupos cada vez mais numerosos, a se misturarem em meus devaneios, a se colocarem a serviço de minhas construções. Bastava-me, doravante, garimpar.

Encontrava minhas principais jazidas, obviamente, no caminho da literatura dita pessoal. Mas o prazer que eu sentia ao ler diários, memórias ou correspondências de grandes escritores não durava muito. Primeiro, tranquilizou-me encontrar, em todos aqueles que haviam conseguido deixar uma obra, marcas de dúvida, de insatisfação, momentos de verdadeiro desespero, o que os tornava fraternais. Mas, num segundo tempo, esse sentimento se esvaneceu. "Se até mesmo eles", pensei, "sofreram tanto, o que será de você?" Com meus grandes modelos, eu tinha apenas dois pontos em comum: as dúvidas antes da escrita, a incerteza depois. Mas o entre-dois permanecia fora de alcance.

Ousaria eu evocar aqui o sentimento de frustação que me deixavam certos livros? Não porque me decepcionavam; muito pelo contrário. Não conseguia deixar de pensar, porém, ao lê-los, que mais uma vez eu tinha perdido o trem. O livro que eu acabara de ler, caberia obviamente a mim escrevê-lo: encontrava nele a maioria dos meus temas favoritos, alguns dos personagens que eu havia esboçado e até mesmo as sinuosidades do que eu acreditava ser *meu* estilo. Sentia-me, pois, duplamente despossuído: desse livro real que poderia ter sido meu, mas que um outro escrevera, e de um livro hipotético que eu teria escrito, ligeiramente diferente (de uma diferença cuja falta eu ressentia com acuidade), caso um outro não tivesse tornado vão tal empreendimento.

Amiel era daqueles que me paralisavam braços e pernas. Ele dissera tudo. Eu poderia ter escrito um livro incontestavelmente meu, nos seus mais extremos detalhes (inclusive este aqui, até porque Amiel tampouco escreveu qualquer um de seus livros), combinando alguns fragmentos do *Diário Íntimo*. Eu não o fiz. E até releguei o *Diário Íntimo* a um canto obscuro de minha biblioteca, atrás de uma longa fileira de obras de filologia. Prudência elementar, ou melhor, legítima defesa. Pois me basta abrir um desses volumes infelizes para me sentir em perdição: afundo em areia movediça. Folheio páginas ao acaso, leio aqui umas dez linhas, umas vinte lá, e logo perco pé. Debato-me, cada vez mais sem forças. Pouco a pouco, deixo-me tomar por um fascínio selvagem, um torpor resignado, que pode impregnar noites a fio: apenas *Madame Bovary* me produz efeito semelhante. Desse estado não saio senão dolorido, flácido e mole como um recém-nascido, persuadido como nunca da inutilidade absoluta dos meus esforços.

3

No melhor dos casos, já sabia perfeitamente aonde isso poderia chegar. A um livro? Certamente não. Antes, a uma espécie de montagem laboriosa de trechos redigidos e de fragmentos tomados de empréstimo: páginas impertinentes, em que já não se saberia ao certo se as citações – ostensivas ou discretas – estariam ali para fazer passar o progressivo transbordamento das confidências ou, as confidências, para servir de quadro a um simples exercício de erudição.

O livro único

Existe uma modéstia de mau gosto, fundada na ignorância, que prejudica por vezes certas personalidades superiores, mantendo-as em um tipo de mediocridade: o que me faz lembrar das palavras proferidas, num almoço diante de pessoas da corte, por um homem de reconhecido mérito: "Ah! Senhores, como lamento o tempo que perdi aprendendo o quanto eu valia mais do que vocês!".

CHAMFORT

Essa é a grande vantagem da vida interior: ela deixa a cada um a licença de se preferir a todos.

S. DE BEAUVOIR

1

Durante muito tempo acreditei que se nascia escritor, que bastava depois deixar amadurecer em si esse germe precioso por um número adequado de anos, para que um dia aparecesse o primeiro livro, como antes aparecera o primeiro dente na hora certa. Tudo isso deveria se organizar espontaneamente e sem esforço específico. À imagem do que ocorre no sonho em alguns momentos, quando surge repentinamente uma profusão de ideias e de fórmulas: as páginas parecem se escrever sozinhas, as palavras chamam as palavras, verbos se atropelam, adjetivos se amontoam, e assistimos, espectadores deslumbrados que somos, a uma festa preparada por outro.

Parecia-me que essa festa da escrita poderia advir a qualquer momento e que bastava um chamado discreto para que seu mecanismo se desencadeasse. Convicto dessa certeza, não tive pressa alguma em começar minha "obra". Recusei voluntariamente o risco de produzir, por impaciência, um desses livros juvenis, prematuros e desajeitados, dos quais alguns se autorizariam a dizer que são promissores ou exercícios de estilo. Meu desejo, naquele tempo, fora poder publicar de uma só vez e o mais tarde possível, algo como obras completas: um conjunto coerente no qual apareceriam, em-suas-articulações-complexas, os elementos-principais-de-minha-visão-de-mundo (era assim que a gente se expressava). Teria explicado com prazer minhas tomadas de posição sobre os grandes debates da época, denunciado, fustigado as taras da nossa sociedade, lançado as bases de uma sociedade-mais-fraterna-e-mais-justa (temas absolutamente inevitáveis nos escritos como na conversa cotidiana dos jovens de então). E até mesmo, com um pouco de sorte ou de talento, conseguiria propor talvez um novo tipo de herói, impor um novo gênero literário, quem sabe – desejo supremo – uma nova forma de arte, síntese revolucionária (essa era a palavra-chave) de tudo que se conhecera até aquele momento.

Deixava, portanto, a outros, as angústias do primeiro livro e suas alegrias meio grosseiras. Do alto do meu promontório, contemplava com gosto a agitação que contaminava alguns rapazes brilhantes de minha geração. Haviam decidido que seriam escritores e, com uma lógica rasteira e utilitária, providenciavam o necessário para sê-lo rapidamente. Tudo lhes parecia bom: romances, novelas, ensaios filosóficos ou políticos. Apressavam-se em dar à luz uma primeira obra, em perfeita ressonância com os gostos do momento, como se apenas se tratasse de atravessar mais uma etapa no percurso iniciático que havia constituído, até então, o essencial de suas (nossas) vidas: uma etapa e uma provação que conferiam o direito de ingresso nessa sociedade pela qual eu conservava o mesmo desprezo que via em meus amigos de verdade. A recusa de ser bem-sucedido, de aproveitar as oportunidades, de se beneficiar das circunstâncias, em suma, a repulsa à habilidade sob todas as suas formas, tais eram ainda os nossos valores. Todo sucesso era suspeito: era a prova de que não havíamos sabido visar alto o bastante. Sem um ideal inacessível, nenhuma vocação autêntica possível.

Assim, preferi esperar. Sobre esse ponto, bem como sobre muitos outros, seguia tanto a minha tendência natural (que raramente me leva a atropelar os acontecimentos ou a antecipar os prazos) quanto certo traço talvez da educação que recebera: na minha família, o dever de memória, isto é, o recurso à lembrança como fonte de renovação da vida, acompanhava-se do privilégio concedido à espera. Espera concebida não como uma renúncia à ação, mas como um ato: um ato de conivência com a ordem do mundo. Daí o prazer que me proporcionavam palavras como as de Buffon sobre o gênio que "não é senão uma aptidão maior para a paciência". Eu adaptara a ideia ao meu próprio caso da seguinte forma: não escrever é também uma ação, até mesmo uma boa ação.

Se eu permanecia retraído, isso não me impedia de amparar alguns amigos (bastante raros, não duvidem) cuja impaciência me parecia legítima: menos seguros de seus méritos, não raro humildes a ponto de duvidar de seu talento, eles tinham – é humano – a necessidade urgente de dar provas de si. Embarcavam na grande aventura sem tardar, e eu considerava como um dever fazer com que – na medida de meus meios – suas primeiras obras fossem imediatamente conhecidas por todos e que as coisas para eles tomassem o rumo do sucesso. Já encontrava um real prazer nesse papel de conselheiro oculto, que ainda desempenho com dedicação eventualmente: ser ambicioso para outrem. Como diz o meu caro Amiel, "é uma especialidade inofensiva na qual não se teme a concorrência". É verdade que bancar a eminência parda tinha para mim duas vantagens. Possibilitava-me não ficar totalmente alheio às intrigas do pequeno mundo que ferve habitualmente em torno da literatura; e me confirmava também – de quebra – a crença de que minha recusa de penetrar nesse mundo resultava perfeitamente de uma escolha livre. A virgindade que eu fazia questão de preservar traria maior solenidade a minhas núpcias futuras.

Entretanto, meu mal-estar era grande face aos que conseguiam multiplicar as obras: a dispersão de si que implicava essa atitude me revoltava e eu não me via me entregando às fatias ou aos pedaços. A meus olhos, conceber um livro como elemento fazendo parte de alguma série beirava a impostura. Não seria reconhecer a relatividade de seus escritos, seu caráter incompleto? Poderia um autor digno desse nome confessar que ele não tentara dizer tudo? Antes, o necessário seria lançar uma obra elaborada, que não remetesse a etapa alguma do pensamento ou da vida, e empunhar apenas a pluma para tão somente escrever o último, o verdadeiro, ou pelo menos um dos últimos livros possíveis. Assim, ancorou-se em mim a obsessão do livro único. A bem dizer, essa fórmula era-me familiar desde os tempos do aprendizado da leitura: um dos manuais que mais me agradava, por causa das narrativas que continha, intitulava-se precisamente: *Le livre unique de français* (quem frequentou a escola primária no fim dos anos quarenta recordará talvez). Eu conferira de imediato ao adjetivo único seu sentido mais forte: esse livro me parecia de fato único no gênero e infinitamente superior a todos os outros (contradição lógica que não me embaraçava muito aliás). Adotei, portanto, a fórmula orgulhosa, na esperança secreta de que ela pudesse um dia se aplicar à minha (e muito hipotética) contribuição à literatura.

Encontrei com alegria um eco de tais devaneios em escritores cuja obra eu viria a conhecer mais tarde. Agradava-me em particular uma confissão de Pierre Jean Jouve: "Sempre invejei o poeta de um livro só". Um livro só: esgota-se o filão; nem reservas, nem investimentos, nem provisões para o futuro. Um livro só: envereda-se numa busca que não conhece nem pausa, nem trégua, e que não pode ser interrompida nem mesmo pela necessidade de um balanço parcial. Pois, de todo modo, o sentido não será dado senão no fim.

Com essa obsessão, que ainda não passou, qualquer empreendimento me parecia prematuro. De que servem livros que por definição não podem ser mais do que esboços grosseiros daquele que se deseja!

Eu sabia, nessas condições, que algo sempre iria me faltar, como faltaria também aos meus leitores, incluindo os mais bondosos: a possibilidade de se remeter a uma obra anterior, a uma obra de juventude. Sem ela, como encontrar o momento do corte, da sacrossanta ruptura através do que se instaura, ao longo de uma carreira bem conduzida como numa ciência bem constituída, um antes e um depois? Onde situar essa tranquilizadora descontinuidade que testemunha, aos olhos do mundo, que a fase preparatória se encerrou, que o autor fez direito sua lição, que podemos nos engajar na leitura sem temor, pois sabemos que estamos na obra propriamente dita e não em seus obscuros pródromos, ou pior, em seus baixios? Tinha plenamente consciência desse risco, dessa falta. Mas, paradoxalmente, isso só vinha confirmar minha recusa em dar a partida.

2

A perda do crente é encontrar sua igreja.

R. CHAR

E também, é preciso confessar que às vezes eu tinha outros álibis. Achava que havia coisas melhores a fazer. Era preciso viver. Realizar-se. Exultar e jubilar. Acumular alegrias. Variar as volúpias e os prazeres. Colecionar momentos de satisfação e de deleite, de regozijo e de encantamento. Passar por todos os arrebatamentos. Eu via harmonizar-se em uma única palavra as lições dos mestres junto aos quais eu me saciara: gozar. *Carpe diem ! Les roses de la vie ! Mignonne allons voir ! La magique étude du bonheur ! Ivresse dionysiaque ! Ô que ma quille éclate ! Vivez si m'en croyez ! Si tu t'imagines Xava xava xava ! Du bonheur et rien d'autre !*[1] (Pois foram as referências puramente literárias que me exortaram a não cair cedo demais nas tramas da literatura). Recordava oportunamente, nesses momentos, que eu era mediterrâneo e que – à condição obviamente de saber manter alguma distância do "verão vulgar dos banhistas" – não deveria me envergonhar afinal de ainda gostar do mar e do sol, da areia e do sal. Aliás, multiplicar as experiências era uma forma de ganhar uma espécie de segurança. Teria assim como nutrir a obra por vir. Ela não seria uma simples aposta em mixórdias de fantasias infantis, teria como capa um verdadeiro tesouro na forma de estonteantes espécies de vida. Criar heróis de romance? Claro! Mas não sem antes demonstrar minha aptidão para ser um deles...

Em outros momentos, porém, a embriaguez da vida se esvaía. "Romantismo pequeno burguês", diziam-me. Exigências bem mais nobres impunham-se. Transformar o mundo, ser agente da história. Defender a Ciência contra a ideologia. Palavras começavam a rodopiar em minha cabeça – práxis, massas, anti-humanismo teórico – e

---

1 Aqui o autor enumera referências que remetem à mesma ideia do Carpe Diem. Não foram traduzidas, sendo evocações muito familiares da cultura literária francesa. [N.T.]

eu não sabia quando acabaria aquela ciranda.

A teoria reinava então; e com ela, certo terror que se imiscuía em nossos mais íntimos recantos. Nada mais curioso do que esse fenômeno, recorrente na França, do terror teórico que aparece geralmente nos meios mais protegidos, e que faz da realidade o subproduto negligenciável de alguns *conceitos*. O prurido afetara-me, como a muitos de meus mais próximos camaradas: estávamos de fato a pouca distância do santo dos santos. Mas ao invés de entrar na fila dos raros eleitos a quem caberia em breve ditar o direito, fixar os dogmas dessa nova e conquistadora igreja, eu escolhera permanecer dentre os simples fiéis. Devoto, com certeza, porém na medida exata em que tal fervor, que normalmente deveria ter forçado uma verdadeira conversão em minha vida, fornecesse, ao contrário, argumentos tão decisivos quanto inesperados para o meu embotamento literário.

Certamente, a escrita fora, até então, mais que um desejo, mais que um projeto, mais que um prazer: uma verdadeira ideia fixa. Mas uma ideia fixa que, ao mesmo tempo em que ocupava quase unicamente o meu espírito, não conseguia forçá-lo a produzir. Ora, a imagem da literatura que doravante se impunha a mim (em favor do novo iluminismo que me esclarecia) – quer como extremo de ascese, quer como extremo de futilidade – dobrava essa paralisia.

Em certos momentos, eu via a escrita como uma austera ciência exata, que exige um aprendizado lento, minucioso, metódico, e cuja teoria é preciso estudar longamente para se chegar à altura de se dedicar a ela. Mas em outros momentos, parecia-me, com a mesma evidente clareza, que ela não passava de uma atividade de amador ou de desocupado, desligada de qualquer realidade, sem utilidade nem futuro, condenada a sucumbir em breve sob o peso de sua proliferação maligna. Assim, já não sabia mais se seria melhor – humildemente – preparar a entrada-na-literatura-como-para-a-religião e nela transpor o ritmo e a minúcia dos gestos de um verdadeiro serviço sagrado, ou se não seria melhor tratá-la com uma alegre arrogância, nela penetrar apenas para lhe dar o golpe de misericórdia, em suma, nela nadar como um peixe fora d'água.

A incerteza (o estupor até) em que minhas divagações me mergulhavam, perseguindo, certas noites, o inalcançável conceito de literatura, tinha pelo menos algo de positivo: em momento algum, sequer pensei em me questionar, em acusar meus próprios defeitos, por exemplo, o gosto pelos preparativos, pelas preliminares, pelos prelúdios, o recurso espontâneo à abstração, a mania da análise (tudo isso sem dúvida para compensar o temor do pecado supremo: o lugar comum). Em sua irrecusável objetividade, o veredito dos teóricos – que remetiam a literatura a suas insuficiências ou a suas ambiguidades – justificava minha abstenção.

No entanto, envergonhado por vezes de constatar que nessas doutas matérias eu ainda era daqueles que recebem mais do que dão, daqueles que se deixam moldar mais do que moldam, eu aceitava o risco de bricolar minha própria teoria. Fazia-o com métodos que acreditava serem exclusivamente meus. O resultado, porém, não ficava mais claro. Pois, levado primeiro por um ímpeto que me engajava no jogo, rapidamente ficava aturdido, ou melhor, atolado (como em cueiros) em novas ambiguidades que eu descobria, após tantos outros, serem inerentes ao uso da linguagem. Fui detido particularmente pelo que me parecia um obstáculo maior: a contradição entre o que a atividade literária – cio (ou astúcia) exibido(a) sem pudor – pode ter de prazerosa, até mesmo de francamente hilariante (pois escrever, se olharmos bem, o que mais seria além de traçar duas letras e em seguida rir?), e o que ela pode, ao contrário, comportar de lúgubre, na medida em que, longe de servir de escudo contra o medo da morte, ela só consegue, da própria vida, dar um reflexo muito macabro, pois – que ela grite ou que ela bata, que reclame ou que lute – é tributária das palavras que carregam, cada uma delas, a morte em surdina.

Mas não era apenas o problema geral da linguagem que me detinha; havia também o da minha relação com a língua francesa, construída desde a infância sobre uma curiosa mistura de devoção supersticiosa e de admirativo fervor. Não deixava de meditar sobre o exemplo de Kafka que se considerava um "convidado" da língua alemã. A formulação me comovera: eu sabia até demais o que ela queria dizer. Se tivesse que definir hoje o que era, na época, minha própria relação com a língua francesa, não seria, no entanto, a essa imagem com ressonâncias intimistas que eu recorreria; passaria de modo mais espontâneo por minha cabeça, a de "residente privilegiado", uma expressão colhida no vocabulário técnico das prefeituras. Quem conheceu essa situação compreenderá. Ela cria deveres de que os outros nem suspeitam. E em primeiro lugar, um dever de reconhecimento. A respeito do francês, eu tinha precisamente o sentimento de uma dívida; uma dívida que só poderia se extinguir pelo sacrifício do mais precioso bem que eu pudesse oferecer, ou seja, uma parte de minha vida ativa: parecia-me evidente que eu não podia senão me tornar (qualquer que fosse a minha profissão) uma espécie de servidor da língua, um operário do francês. Mas a isso logo vinha acrescentar-se o dever de postura, algo que pudesse ser comparado ao que é a obrigação de discrição de certos funcionários. Assim, não me sentia no direito de mexer no edifício majestoso no qual me admitiam e, ao contrário, aprazia-me o fato de ter autorização para nele dar indefinidamente – e, se necessário, em silêncio – a volta.

Conseguia, no entanto, não me deixar embriagar pelos argumentos repetidos incessantemente de que, ao me dissuadirem de entrar em batalhas apresentadas como perdidas de antemão, teriam me levado ao niilismo literário. De fato, eu já estava começando a detestar o destino que me fez nascer numa época tão saturada de livros e de escritores; queria encontrar o meio de trazer à luz a inanidade de tantas palavras, derramar meu ressentimento sobre aqueles que acreditaram ter de escrevê-las. Mas até isso bastava, nos dias de grande rancor, para manter a tensão do fio que, apesar de tudo, me ligava à escrita.

3

Nunca me sinto maduro o bastante para uma obra forte. Aparentemente espero cair em ruínas.

J. RENARD (1887)

Não estás maduro o bastante, dizes tu; esperas então apodrecer?

J. RENARD (1889)

Nada escrever antes de ter atingido uma completa maturidade me parecia então ser a primeira das urgências.

O temor do tempo perdido não me obcecava ainda. Ao contrário, parecia-me belo sacrificar assim alguns anos a uma nobre causa. Pensava até que essa indiferença ostentada, essa serenidade, tomavam ares de grandeza: elas davam a entender que por trás havia não a dúvida, mas a segurança de um tipo de pacto com o futuro.

De fato, já imaginara solidamente minhas bases em pleno coração do futuro e, no mesmo instante em que cumpria o mais comum de meus atos (uma conversa com um amigo no pátio da École, um passeio amoroso na ilha Saint-Louis, um almoço na varanda de um botequim da rua Mouffetard ou da Contrescarpe), cuidava sobretudo de imaginar que lembrança iria guardar mais tarde, quando, tendo minha vida enfim encontrado na literatura sua realização, eu poderia enternecido rememorar meus gestos antigos, conferindo-lhes a dignidade de etapas ou de sinais que não teriam deixado de conquistar.

Eu vivia o presente como uma recordação, o que me dispensava de lhe atribuir um conteúdo. Preferia deixar as impressões se sedimentarem em sua desordem, seguro de que não tardariam a se reorganizar por elas mesmas e que essa classificação não seria outra senão a própria ordem da vida tornada legível.

Passeava, então, durante alguns anos, por todos os mundos com os quais o acaso me punha em contato (um acaso que tinha ainda o bom gosto de se apresentar nos traços de jovens mulheres muito agradáveis), o clássico olhar da indiferença ou da derrisão, pronto para captar as marcas da incoerência, da falsidade, dos desequilíbrios velados. Mas na esperança de que esse olhar, um dia, acabasse tornando-se visão.

Isso durou muito, muito tempo. Isso durou anos, longos anos.

Guardara minhas forças, acumulara reservas, para amanhãs que decididamente não chegavam. A espera confiante imperceptivelmente transformou-se em torpor. Doravante, tinha a impressão de que o futuro me escapava. O próprio tempo parecia não ter mais domínio sobre mim. Ano após ano, eu permanecia idêntico: o mesmo devaneio, a mesma recusa, as mesmas ilusões. Meu rosto conservava traços juvenis e eu podia ainda sem dificuldade passar por muito jovem. Às vezes, alegrava-me essa providencial suspensão do tempo; ela me poupava, pensava eu, da provação do envelhecimento. Mas esse gosto pelo *statu quo* não era senão o avesso de um novo temor: o temor de ver chegar de uma vez esse futuro, outrora tão esperado. Adotei espontaneamente e transcrevi na própria carne, a técnica daqueles que bloqueiam os relógios para se convencer de que seguem um calendário.

A idade das escalas, das vocalizes, já havia passado, mas a obra, que supostamente iria amadurecer em silêncio, ainda não despontava no horizonte, nem mesmo longínquo.

Ao contrário, a atividade literária parecia-me por momentos (cada vez mais frequentes) de uma mesquinharia desoladora. E como possuído pelo desejo de fechar os caminhos, de sufocar os possíveis, eu acionava, um após outro, todos os mecanismos que levariam a abortar o menor projeto que fosse. As obras, apenas vislumbradas, logo se destruíam, desapareciam literalmente sem que houvesse a necessidade de constituí-las. Eu não teria sabido dizer naquela época se era a realidade que me parecia por demais banal para merecer ser transcrita ou se as palavras é que eram rasas demais para conseguirem dar conta da realidade. Isso me tornava cada vez mais obstinado na desconfiança e na esquiva.

Acrescentava-se ainda o mal-estar que minha atitude provocaria entre os membros da minha família. Impacientavam-se. Cada qual se achava habilitado a criticar, em meias palavras ou não, a minha ociosidade. A glória, essa glória que não cessavam de prever para mim, tardava a chegar; e eu, ao invés de trabalhar febrilmente para apressar o momento daquele triunfo que também deveria ser deles, dava livre curso à minha indolência. Imaginavam-me mourejando para conquistar Paris, brilhando nos salões literários, jantando noite após noite com acadêmicos, editores, ministros (na companhia pelo menos das filhas de tão fascinantes personagens); e eu, inconsciente, passava meus dias a sonhar debruçado sobre livros antigos, a escrever textos vagos que não pertenciam a nenhum gênero preciso que, aliás, raramente eu levava além da segunda ou terceira página. Frustrava a revanche que esperavam e cujo instrumento, inconscientemente, eles haviam decidido que eu deveria ser. Esforçaram-se, todo o tempo em que precisei deles, para tornar a minha vida fácil. Mas agora, censuravam-me em silêncio por ter tomado gosto pela facilidade. Acreditei-me livre, não o era: eles tinham direitos sobre mim.

Mais uma vez, foi preciso render-se à evidência. À alternativa muito clássica *escrever ou viver*, que supõe pelo menos a escolha deliberada de uma ou de outra via, eu só respondia desvendando progressivamente minha inaptidão para me engajar tanto numa quanto na outra. A bem dizer, nunca tinha levado a sério essa alternativa; ela me parecia mutiladora ao extremo. Não conseguia me livrar do sentimento de que eu devia escapar a isso em função do que havia em mim de essencialmente múltiplo. Há muito que a abundância, a variedade de minhas referências, fruto de uma educação em que diversas heranças se mesclavam, deixavam-me inebriado. Fazia questão dessa multiplicidade mais do que de qualquer outro de meus traços, ou antes, a meu ver, ela continha todos eles: nenhum defeito, nenhum desvio, mas o próprio fundamento da minha pessoa.

Isso não me impedia, entretanto, de desperdiçar o uso que poderia fazer dela. Pois estava intimamente ligada aos meus laços exóticos. E eu não soubera fazer de minha diferença a própria fonte de minha força. Dessa origem longínqua, melhor teria sido tirar proveito: apoiar-me nesse acaso geográfico para afinar a minha visão; aproveitar a leveza que a condição de viajante proporciona; em suma, arrancar ao próprio desarraigamento os benefícios secundários que ele poderia trazer. Mas eu ainda não sabia que só se ganha o direito de ser múltiplo (e outro) mostrando-se capaz, pelo viés de uma obra, de ultrapassar essa multiplicidade (e essa alteridade).

Assim, produzira-se na minha imagem uma reviravolta cuja importância eu não tinha dimensionado. A humildade lentamente sucedia ao orgulho. O fim dos estudos colocara-me contra a parede: não tinha conseguido uma "situação", quer dizer, não sabia mais onde me situava. Nenhuma das categorias em que poderiam ter me aprisionado parecia poder me conter e eu não me esforçava muito para oferecer de mim outras definições.

Criança, na idade em que outros prometem ser Chateaubriand ou nada, eu havia escrito que seria eu mesmo ou nada. O que eu não tinha previsto é que eu me encontraria um dia na situação de ser ao mesmo tempo eu mesmo e nada.

Começava a pensar que eu era uma encarnação bastante boa desse personagem absurdo (saído, creio, da imaginação de Pascal) que se afligia por não ter três olhos: que loucura me levava a não aceitar um destino comum, a não me satisfazer com uma eternidade discreta?

Mas a própria escolha do silêncio não apaziguava nem minhas inquietações, nem meus arrependimentos. Por certo, de Rimbaud a Hölderlin ou a Nietzsche, não me faltavam modelos. Não havia nenhuma desonra afinal em iniciar por onde eles tinham escolhido terminar (Harar talvez não seja só o lugar de uma fuga, mas a ocasião de uma verdadeira repetição da arte). Entre suas mãos (se ouso dizer) o silêncio tornara-se uma arma. Era tão pesado, tão rico de sentido que não precisava mais se dissimular, travestir-se em palavras, como ainda era o caso em vários de seus poemas. Mas entre as minhas mãos? Eu descobria que o silêncio também é difícil de se manejar. Quem sabe que sentido – absurdo ou indelicado – podem lhe dar aqueles contra os quais o empregamos (pois não está claro que nos calamos – assim como nos matamos – sempre contra alguém)?

Por preço algum, queria que pudessem acreditar que eu me alinhara – discreto, pois envergonhado – a toda uma escola que na realidade eu execrava; todos aqueles que, fingindo levar o quietismo até as últimas trincheiras, salvaguardam e saboreiam somente o inefável e o subjetivo, o que lhes permite se esquivarem, com uma pirueta displicente, das garras de seus refutadores.

Uma espécie de pudor impedia-me ainda de escrever com todas as letras palavras como esterilidade, fracasso. Pudor, a bem dizer, não é a palavra justa. A razão profunda era sem dúvida, mais uma vez, a ressurgência de um tabu familiar: a recusa de nomear aquilo que se teme. Receio supersticioso da eficácia maléfica das palavras que nos obrigava a extraordinárias contorções oratórias quando se tratava de evocar acontecimentos, hipóteses, infelizes ou simplesmente desagradáveis. De meus infortúnios, eu falava somente na terceira pessoa, atribuindo-os a não sei que fantasma com o qual obviamente não me identificava. Às vezes, preferia falar de outras coisas, menos dolorosas: lembrava que nas paredes das catacumbas não se pintava nada que remetesse aos horrores do tempo – nem mártires, nem suplícios, nem crucificação – mas entrelaçamentos de flores e de frutos acompanhados de revoadas de pombas.

No mais das vezes, entretanto, escolhia calar-me.

Tinha finalmente compreendido que a vida tem o péssimo hábito de não pagar à vista as dívidas que contrai: devedora raramente solvente, ela não acredita em nossas dívidas. Felizes daqueles que, à espera do acerto em que terão suas contas pagas, conseguem, ainda que provisoriamente, continuar adquirindo palavras.

Isso significava para mim que doravante teria de partir à conquista daquilo de que, desde sempre, eu acreditara ser o legítimo proprietário.

A ordem das palavras

"Os franceses não querem mais trabalhar. Todos querem escrever", dizia minha zeladora, que não sabia estar fazendo, naquele dia, a crítica das velhas civilizações.

CIORAN

Nos dias de hoje, três achados e uma mentira fazem um escritor.

LICHTENBERG

De todos os fatos obscuros ou, em todo caso, mal esclarecidos do meu passado, o mais surpreendente para mim é ainda o seguinte: por que pensei um dia que devesse escrever? Questão simples, evidente em aparência, mas que levei muito tempo até perceber a necessidade de formular. Foi somente após uma primeira e longa série de tentativas abortadas que apareceu a dúvida sobre os fundamentos da minha "vocação", e que passei a me interrogar sobre as origens do que, até então, eu tinha considerado uma determinação independente de minha vontade. Mas depois que essa interrogação surgiu, não desapareceu mais; em certas épocas o essencial de meu trabalho consistiu em responder a ela.

As respostas que encontrei são múltiplas, às vezes francamente contraditórias. No entanto, uma coisa está clara: o desejo de escrever envelheceu comigo e sobreviveu às circunstâncias cambiantes da minha vida. Talvez encoberto desde o nascimento, ele não desapareceu com os fantasmas familiares da infância; soube modelar-se, adaptar-se às dolências de uma adolescência dócil demais; e depois, evitando por um triz o risco de sufocar sob o longo tempo dos estudos, não pôde mais ser erradicado, nem mesmo pelas rudes práticas da erudição. Se fosse necessário a qualquer preço retornar às nascentes desse rio de palavras cujos transbordamentos periódicos – ainda que imprevisíveis e breves – alimentaram por tantos anos meus devaneios sobre a escrita, é evidente que é na infância que seria preciso procurar. Descobriríamos um curioso emaranhado de causas e de efeitos que não me é fácil, ainda hoje, desembaraçar. Foi na infância que tomei gosto pelas palavras e pelo desejo de juntá-las, foi nesse momento também que espontaneamente escolhi os temas de meus primeiros ensaios de literatura. A infância forneceu à minha escrita, portanto, o essencial de seus motivos, no duplo sentido da palavra. Mas essa dupla relação da infância com a escrita que advém da evidência de duas abordagens distintas, acabou por coagular, por formar um único magma na minha memória. A tal ponto que já não sei mais o que devo diretamente às minhas experiências de criança e o que me veio mais tarde, depois de tentativas que talvez eu tenha feito para resgatar essas experiências e transcrevê-las.

1

Nunca se termina de lidar com a infância: oscila-se em geral entre uma forma de má consciência (vale mesmo a pena atribuir tanta importância a essas puerilidades?) e uma forte inquietação (será que não estou precisamente perdendo o essencial?).

Imagino facilmente a infância dos outros como um repertório impreciso de lembranças que variam ao sabor dos humores e dos momentos, um conjunto fugidio, frágil e sempre prestes a se dissolver, ou até mesmo como um simples colorido sentimental, retrospectivamente projetado sobre alguns seres, alguns objetos, alguns lugares, de outro modo, insignificantes. A minha tem outra consistência: seus traços não se apagam e com o tempo pareceram até se incrustarem cada vez mais profundamente, sem deixar por isso de serem legíveis na superfície. Será que devo essa obsessão pelo passado à educação judaica ou talvez a uma forma de atavismo? Parece-me que houve, desde sempre, como que um dever de memória, uma obrigação de se lembrar, de tornar sempre presentes certos episódios: a aliança de Abraão, o sacrifício de Isaac, a saída do Egito, o dom da Lei. E esse traço antigo se acentuou ainda mais, depois da última guerra, com uma prescrição complementar: a interdição de esquecer.

Por certo, eu não precisava disso para cair no culto da lembrança: minha inclinação natural me levava a ele diretamente. Ainda sou daqueles que, com o olhar fixo num passado supostamente feliz, ingressam na vida com certo arrependimento e como que recuando, quando não ficam simplesmente acometidos de imobilidade, pregados no mesmo lugar durante anos. Só digo meus pensamentos, bem como minhas paixões, no passado (ou a rigor no futuro, à condição de que seja um futuro muito distante): tenho a faísca atrasada e o coração também. Assim, vivi muitos anos das lembranças de minha infância, como outros viviam outrora dos dividendos de seu capital. É verdade que não possuía outros recursos. Mas o passado destaca-se por placas, imprevisível. Então, como tantos outros, tive o desejo de fixá-lo, recuperá-lo, quem sabe reciclá-lo; como se faz, hoje em dia, com velhos trapos e água suja.

Para me lançar nesse empreendimento, dispunha de dois trampolins que há muito mereciam ser usados: minhas relações privilegiadas com meus próximos, minhas relações, não menos privilegiadas – ainda que de outra natureza – com a língua francesa.

Ninguém à minha volta, pelo menos no âmbito estreito de minha família, duvidara que o meu destino devesse ser singular. Só mais tarde é que fui me indagar sobre o fundamento dessa convicção. Adotei, sem muito refletir, essa convicção comum – aliás, lisonjeira –, sem que ela me parecesse mais estranha do que muitas outras leis, formuladas ou tácitas, de nossa vida familiar. Parecia natural que o destino singular que me havia sido prometido fosse também um destino glorioso e que o gosto pelas letras devesse ter, nele, o papel principal.

É que as relações com a linguagem, para nós, não eram coisa leviana nem indiferente. Nelas, refugiaram-se os últimos vestígios, vigorosos e vivazes do que constituíra, em gerações anteriores, o prestígio da família. Havíamos perdido a riqueza em condições dolorosas, cuja menor evocação provocava ainda, séculos depois do ocorrido, tristeza e rancor. Mas restava-nos, intangível, o privilégio da cultura. Privilégio que encarnavam, há cerca de quatro séculos (a memória da família tinha dificuldade de ir além na genealogia), algumas notáveis figuras de rabinos: um deles, fazedor de milagres no seu longínquo distrito de Oufran; outro, missionário intrépido, fora até Bucara recolher doações para suas fundações devotas; outros ainda, cabalistas de turbante, escolheram ir estudar e morrer na Terra Santa. Nossa orgulhosa mitologia buscava, na lembrança de certos episódios transmitidos religiosamente de geração em geração, a prova de um elo congênito, hereditário, com o mundo das letras, como uma marca objetiva de um tipo de predestinação. Um lugar de honra era obviamente consagrado à longa narrativa de Pierre Loti sobre o encontro que tivera com um bisavô nosso, em Meknes, na suntuosa residência em que este o recebera. Curiosa narrativa na verdade, pois descreve um cenário puramente exótico, com uma precisão conscienciosa e uma minúcia plena de admiração; em contrapartida, quase nada é dito sobre os que vivem nesse cenário de conto oriental. Estranho encontro também esse – com o qual muito sonhei – entre o "milionário judeu com semblante doce" e o fértil autor do *Aziyadé.* Não só porque foi, para Loti, a ocasião de contrair uma dívida que ele temia, com razão, nunca poder quitar; mas porque esse encontro marcava para nós emblematicamente o novo curso das coisas: a penetração, na quietude dourada da vida em família, da literatura francesa e de suas seduções.

A elegância ou a precisão das palavras, a busca de expressões pitorescas, de tiradas preciosas e até mesmo um pouco obsoletas, tudo isso se revestira de uma importância extrema. Era usado como um verdadeiro talismã:

uma confusão de gênero podia provocar o rompimento de noivados, o destino de um lar estava à mercê de um simples erro de concordância, de um erro de conjugação.

Em nossa pequena sociedade provinciana e colonial, cujos grupos eram quase estanques e rigidamente hierarquizados, o culto das letras era o que fazia, como nos turvos tempos do declínio do império romano, a diferença entre os "civilizados" e os outros.

Assim me veio, de modo quase natural, uma espécie de paixão pela cultura: a cultura concebida como uma totalidade acabada, fechada, que era preciso adquirir ao longo de estudos sem fim (tanto mais meritórios quanto mais longos), no interior da qual, entretanto, teria sido presunçoso querer intervir; a cultura vivida como um modelo e encarregada de parte do prestígio que a religião tradicional começava a perder. O que me atraía não era tal página, tal obra, tal autor, dos quais eu encontrava passagens nos livros escolares utilizados pelos meus irmãos mais velhos, era o conjunto daquilo que havia sido escrito em francês. E eu via a literatura francesa, da qual eu não sabia ainda quase nada, como um ser vivo, um organismo do qual não se devia negligenciar elemento algum, ou então, como uma pessoa sem descanso e que só existia através de suas metamorfoses.

Ainda não conhecia a França. O pouco que sabia dela me vinha de fontes por vezes inesperadas. Recordo-me, por exemplo, de ter ganhado de presente, inúmeras vezes, uma dessas "canetas-tinteiro mágicas" que continham, no interior de seu corpo esculpido, algo que eu pensava ser de marfim, a imagem de um monumento: bastava aplicar o olho no buraquinho situado no meio desse corpo para descobrir... A Conciergerie ou o castelo de Versalhes, minúsculos, mas com uma perfeita nitidez. Desejei encontrar mais tarde para falar desses monumentos, bem como para descrever as paisagens da França, que se constituíam então para mim somente de nostalgia, a pluma capaz de dar o tom apropriado a esse tipo de descoberta, um tom de marfim velho, que colocasse imediatamente entre as coisas e meu olhar a justa distância, como uma vitrine de museu.

Assim, minha relação com a linguagem logo desde o início se orientou para uma direção bem precisa: nunca corri o risco de confundir as coisas com o seu nome.

2

A maior parte das palavras que eu usava já tinha quase inteiramente perdido seus vínculos naturais com as coisas e, por essa razão, eu as achava de uma leveza inebriante. Nenhum peso as atraía para o chão. As de que eu mais gostava (*bergamote*, *nacelle*, *boutargue*, *galoubet*, *caillebotis*)[2] não aderiam a nada que eu tivesse sob os olhos. Eram lindas bolhas matizadas, tremeluzen-

2 A tradução das palavras deixadas em francês é: bergamota, nacela, butarga, flauta, estrado. [N.T.]

tes, e sua inanidade as tornava mais preciosas ainda. De que mais belo brinquedo se poderia dispor?

Como ainda hoje, gostava particularmente dos momentos em que a linguagem aparecia nua. Bastava que uma palavra um pouco rara surgisse numa boca onde não era esperada para provocar uma comoção: logo ela desarticulava o discurso que a ecoava, anulava a lógica do raciocínio em curso e, tendo produzido um vácuo em torno de si, flutuava sozinha, preenchendo todos os sentidos com sua sonoridade insólita.

Comecei então a construir uma espécie de fortaleza para mim, feita exclusivamente com minhas palavras favoritas, e adquiri o hábito de lá me recolher de vez em quando. Não por ser indiferente ao mundo ou por gostar excessivamente da solidão; acredito, ao contrário, ter-me integrado muito bem ao pequeno bando de alunos, composto de vizinhos e primos, ao qual eu pertencia; mas eu ainda não tinha encontrado ninguém com quem compartilhar os prazeres da linguagem, e guardava para mim, sozinho, minhas pequenas esbórnias verbais. Persuadi-me logo de que realidade alguma estaria à altura de uma feliz junção de palavras; e isso – não sei por quê – enchia-me de uma verdadeira alegria; coisa de que ninguém à minha volta desconfiava. É verdade que não comentava nada, pois não tinha certeza de que isso fosse totalmente confessável. A quem teria eu ousado dizer que, em certas tardes tórridas, quando pensavam que estava fazendo a sesta, eu copiava – linha a linha, palavra por palavra (suprimindo apenas algumas expressões que me pareciam insuficientemente "nobres") – um conto policial que encontrara na edição francesa do *Reader's Digest,* e que eu forçava, é claro, a contar algo diferente do que contava? Era a história de um desencontro causado por uma confusão – feita por uma jovem francesa – na leitura de uma data escrita em números pelo seu amante inglês. Continuariam a me levar a sério se eu tivesse confessado então, como o faria mais tarde, que eu estocava papel em branco?

Talvez tenha sido assim que surgiu em mim o gosto pelo segredo, o hábito do desdobramento de si, que os tempos de colégio vieram acentuar. A admissão no primeiro ano ginasial marcava, de fato, em nosso mundo, uma espécie de novo nascimento: éramos, pela primeira vez, projetados para fora do meio, familiar e judaico, que até então constituía a única referência. Isso significava que devíamos, ao mesmo tempo, nos conformar ao novo modelo proposto e cuidar para não romper os laços com a tradição. Rude ginástica essa, de uma vida em dois registros! Mas ela conferia aos anos passados no colégio o gosto apimentado de um jogo. Um duplo jogo que durante muito tempo fora prazeroso, até que me cansasse.

Ter duas personalidades, duas vidas, cotidianamente discordantes, feitas de rupturas mais ou menos sutis, terminava por se refletir na minha maneira de ser. Eu acabei por não saber mais onde estava, quem era meu verdadeiro eu.

Passei a desconfiar de tudo que fosse duplo. Em mim, como também ao meu redor. Dualidade era próximo demais de duplicidade. Até mesmo o gosto pelas línguas – de que me orgulhava tanto, pois me dava acesso, pelo menos parcialmente, ao que havia sobrevivido da velha cultura judaica e árabe que fora a dos meus ancestrais por séculos, e que me deixava à vontade em qualquer lugar, com pessoas de qualquer idade, origem ou meio – tornava-se suspeito. Além do prazer que o manejo de duas línguas podia me dar, eu via despontar um perigo: o vício de uma forma – menos benigna do que poderia parecer à primeira vista – de linguagem dupla. Eu chegava até mesmo a não mais rir dos meus primos que, embora tendo sido criados, como eu, dentro de certo bilinguismo, recusavam-se, obstinadamente, a falar senão em francês.

Eu me safei então pura e simplesmente pela fuga. Tinha elaborado para meu uso pessoal um novíssimo eu, bem superior às medíocres encarnações que os outros pensavam conhecer. Um eu que os acasos da história e da geografia coloniais tinham malignamente feito nascer longe demais de suas verdadeiras condições de vida, longe demais de seu lugar natural (que deveria ter sido algum antigo vilarejo no coração da Touraine onde se celebraria cotidianamente o culto do francês), como uma flor exótica, desastradamente transplantada. Mas a ironia do destino quisera que a transplantação tivesse sido feita às avessas. Na verdade, sentia raiva por ser exótico e vivia esse exotismo como um injusto exílio. Não demorou para que eu me sentisse carregando os despojos de um colegial estudioso e de uma criança judia. Duas máscaras com as quais o soberbo eu das alturas não sabia o que fazer.

Mas a infância não dura para sempre, e a minha fé na infalibilidade familiar começou a desmoronar. Buscava fundamentos para o que me haviam ensinado e nem sempre os encontrava. Comecei a querer saber, com impaciência, o caminho pelo qual viria a glória que me haviam prometido. Sondava a mim mesmo, inquieto para descobrir a parcela de genialidade que necessariamente haveria de surgir um dia, surpreso que ela tardasse tanto em se manifestar. Pois nada de decisivo vinha. Meus êxitos? Não excediam em nada os que seria sensato esperar do aluno "talentoso e aplicado" que meus professores – com uma desoladora falta de imaginação, mas com uma tranquilizadora unanimidade – encorajavam ou felicitavam de trimestre em trimestre. Vergonhosamente, eu nem mesmo era uma criança prodígio. Um dia, foi preciso admitir a evidência: a única singularidade que eu encontrava em mim mesmo era essa certeza, essa obsessão pela singularidade, que agora fazia corpo comigo e que parecia não ter outra raiz senão ela própria.

Encontrava-me face a ela como se estivesse na posição estranha dos judeus face à eleição. Inúmeros povos da terra se sentiram ou se disseram "eleitos": haviam, sucessivamente, construído impérios, marcado, com seu fausto ou sua crueldade, a memória dos homens, e talvez isso concedesse à sua pretensão algum fundamento aparente. Os judeus procederam de outra maneira: fizeram por onde atrair sobre eles a eleição, fingindo acreditar – ou às vezes acreditando de fato (com o tempo a diferença entre as duas atitudes veio a se apagar) – na narrativa, forjada por eles próprios, de sua eleição. Assim, eu precisava, para sair do impasse, levar ainda mais a sério a minha situação. A escrita seria o meio pelo qual eu daria à minha vida a singularidade verdadeira a que eu aspirava. Bastava-me fazer a narrativa do que eu sonhava ser. A verdade por vir, assim prefigurada e captada, não ousaria não ser tal qual eu a descrevera. Isso porque eu, certamente, só teria inventado mentiras transbordantes de exatidão.

Assim eu me livrava de um peso. Não precisava mais buscar nem acima, nem dentro de mim, a potência escondida que ainda me fazia crer na existência de um futuro. Bastava uma pluma. Mas a elegância e a comodidade do estratagema dissimulavam seu principal perigo: eu me impunha uma tarefa pesada. Se por ventura algum obstáculo viesse a diferir sua realização, isso não deixaria de transformar o eleito em vítima, como no exemplo histórico em que acreditava ter o direito de me inspirar.

Tudo se misturava assim na minha cabeça e o desejo da escrita tornava-se o grande receptáculo em que se desfariam todos os nós, em que se dissolveriam todos os obstáculos. Mas há tantas maneiras de se dedicar à escrita!

3

> *Hesita-se em se fazer cones para pimenta do reino com resmas de papel branco, mas basta que algo esteja impresso no papel para que ninguém faça cerimônia.*
>
> LICHTENBERG

> *No vazio do papel encontram-se os cantos mais belos.*
>
> MALLURSSET

Há aqueles que partem de uma página branca e aqueles, mais raros, que conseguem chegar a ela. A duras penas, pois é preciso garimpar muito para se encontrar um pouco de brancura. O drama, na verdade, é que ser inapto à escrita não basta para tirar a vontade de escrever. Seria preciso, além disso, uma má formação fisiológica. Mas nem isso bastaria: alguns ainda dariam um jeito de ditar...

Nesse campo, quanto a mim, completei um estranho percurso cujo caráter circular é a marca de todos os filhos de Bouvard et Pécuchet. Queneau detectou bem que a história desses dois energúmenos era, de fato, como muitos dos grandes romances europeus, uma odisseia, "uma errância pelo Mediterrâneo do Saber". Minha errância ocorreu em um Mediterrâneo infinitamente mais restrito, um minúsculo mar de tinta, no qual flutuam apenas, no início como ao fim de minha navegação, algumas folhas de papel branco.

Com o papel, tive desde cedo relações perturbadoras. Isso começou por volta dos meus oito anos, quando meu irmão mais velho teve a feliz iniciativa de me chamar de vez em quando a seu escritório. Eu gostava particularmente dessas visitas, que me davam a impressão de aceder a um mundo novo – o dos adultos, o dos negócios –, do qual estava excluída de antemão a maioria dos meus colegas.

Já na primeira de minhas visitas, num dia de frio avassalador, logo me chamam a atenção, a monumental máquina de escrever e um armário, alto e mais para estreito, com prateleiras e porta de correr: nele estão empilhadas, cuidadosamente arrumadas, variedades diversas de papel. Belas folhas de um branco quase ofuscante, e que adivinho serem leves, finas, palpitantes: algumas completamente virgens, outras, timbradas, outras ainda com um aspecto mais misterioso (certamente formulários administrativos). Sua sedução toda provém do fato de não se parecerem em nada com o papel acinzentado de meus cadernos; nenhum quadradinho, nenhuma linha horizontal vem macular sua pureza.

Essa profusão me surpreende e aumenta ainda mais a admiração que tenho por esse irmão (que aliás nunca perde uma ocasião de me agradar). Vendo-me, naquele dia, imóvel diante de sua reserva de papel, sugere que eu me sirva, se quiser. Não foi preciso, dessa vez pelo menos, falar duas vezes; mal ele virou as costas, constituí, tremendo de alegria, uma sólida reserva de papel, selecionando amostras em cada uma das pilhas ao meu alcance.

Foi de fato o meu primeiro tesouro. E como eu ainda não tinha nenhum lugar meu onde guardá-lo, coloquei-o acima da minha cama, atrás da moldura do retrato da minha mãe (e que fazia par com a do retrato do meu pai, na parede em frente).

Não tinha ideia do uso que poderia fazer de toda essa quantidade de papel. Mal sabia traçar, em folhas com linha dupla, com letra desajeitada e tremida, as palavras ou as frases que me ditava meu professor (isso era antes de eu me tornar um bom aluno).

Pensando bem, agora, pergunto-me se não havia na minha cabeça a ideia de que eu poderia um dia transformar esse papel em dinheiro. Na época, só existia dinheiro em cédulas: minúsculos quadrados de papelão para os valores menores – equivalentes a alguns centavos de hoje –, cédulas de pequeno formato para valores um pouco maiores (notas semelhantes às que se usavam na Itália quando faltavam moedas de cem liras). Nunca tinha tido muitas notas dessas à minha disposição e, a bem da verdade, não acho que isso me fizesse falta. Certamente me tranquilizava a ideia de possuir – só para mim – a matéria que me possibilitaria um dia, caso quisesse, fabricá-las à vontade. Foi assim afinal que surgiu, em mim, o gosto pela acumulação.

Essa primeira e, no entanto, copiosa reserva não foi suficiente para me contentar. Depois disso, aproveitei cada visita para retirar, fingindo uma necessidade imediata, algumas folhas a mais que, na mesma noite, iam juntar-se às outras, entre a parede e o quadro, por trás do sorriso e das bochechas ligeiramente rosadas do retrato da minha mãe.

Mais tarde, no colégio, fazia questão de comprar quantidades cada vez maiores do que o necessário, de agendas, repertórios, cadernos ou simples blocos, cuja maioria permanecia virgem: os vastos projetos aos quais eu os destinava, já naquela época, conformavam-se muito bem com o fato de não ultrapassarem seu estado de projeto. Encontrava-me assim, com o tempo, dono de uma coleção não desprezível desses preciosos auxiliares, cujas capas de papelão até empalideciam um pouco, e cujas páginas quadriculadas acabavam amarelando bastante, mas que, no entanto, continuavam sempre prontos a receber os desenvolvimentos que eu lhes destinava e cuja essência já continham. A tal ponto que me teria parecido sacrilégio qualquer substituição, assombrados que eram, cada um, pelas frases que, há muito, eles deveriam conter.

Alguns anos mais tarde, foram os grandes cadernos de capa dura preta (que se encontram ainda em algumas papelarias especializadas, perto da Biblioteca Nacional) que passei a acumular, com o mesmo zelo que tinha por minhas cadernetas de criança.

Muito recentemente enfim, descobri, em Veneza primeiro, em Nova Iorque depois, exatamente o que há tanto tempo buscava: objetos em tudo semelhantes a livros, a não ser pelo fato de que não contêm sequer uma palavra impressa. Os de Veneza são, como esperado, de extrema elegância, notáveis principalmente pela escolha dos papéis e pela qualidade da encadernação; os de Nova Iorque, menos prestigiosos e mais práticos, vestem uma jaqueta branca, dos dois lados da qual está impresso em letras grossas e pretas – exceto o *o* de *Nothing*, mais fino, mais alto e de um vermelho muito claro – o título meio provocante: *The Nothing Book*. Não sei que súbito pudor me impediu, em um caso como no outro, de comprar mais de dois exemplares dessas obras tão ricas em potencialidades. Sem dúvida não desejava inflar desmedidamente o volume de minha "obra": por fictícia que fosse, ela deveria ainda conservar dimensões verossímeis.

Mantenho, ainda hoje, diante do papel, uma atitude dupla. Só utilizo as folhas quadriculadas a contragosto: seus quadradinhos me aprisionam. O papel branco me impressiona e faço tudo para conservar sua pureza. Assim fui levado a me interessar, com uma espécie de paixão, pelo uso que os outros fazem de suas folhas e, quando a ocasião se apresenta, não posso me impedir de dar uma olhada rápida nos rascunhos, anotações, manuscritos, que me caem sob os olhos (os de meus amigos, claro, mas também os dos desconhecidos com os quais eventualmente convivo nos locais em que trabalho). Não para decifrar indiscretamente seu conteúdo, mas simplesmente para observar as relações da escrita com o seu suporte. Certas escritas me chocam por sua falta de cerimônia. Elas se espalham gulosamente por páginas e páginas, ignorando as raias, fazendo pouco caso das margens, ultrapassando qualquer limite, projetando enfim, em todas as direções possíveis, seus membros vigorosos. De longe, parecem mesmo fazer corpo com o papel, estar embutidas nele desde sempre. A minha ignora esses ares conquistadores: jamais penetra com violência no grande vazio que lhe proporciona a folha oferecida. Ela permanece por muito tempo, à beira do bosque, respeitosa; ela não ataca, ela aflora, acaricia com a ponta da pena, como se quisesse antes cativar. E isso continua assim. Quando preencho uma página, mal parece que a iniciei, e no espaço branco que deixo em torno de meus textos, um outro acomodaria facilmente os seus.

Foi assim que, muito naturalmente, passei a privilegiar as formas breves, as que exigem menos papel. Imagino maneiras de reduzir o texto como se reduz um molho. Um aforisma, desde que seja bem construído, substitui, para mim, com ampla vantagem, um desenvolvimento filosófico. Uma simples frase às vezes basta ali onde uma página seria demais, porém uma frase cujo eco ressoasse longamente e se prolongasse.

Momento de pausa número dois

Já está mais do que na hora, leitor, de lhe passar de novo a palavra. Você aceitou sem hesitação seguir o autor pelos caminhos incertos de seu passado. Você o viu nascer ou renascer no limiar de diversos desconfortos, de diversas ambiguidades. Com ele, você percorreu, a passos largos, as etapas de uma vida pobre em acontecimentos. Etapas que têm um traço em comum: todas o levaram ao mesmo impasse.

— Já não era sem tempo! diria você. O que ele espera então para tirar as conclusões que se impõem? Já que as obras são o único espelho que permite ao artista se perceber em sua verdadeira dimensão, nosso homem seguramente não deveria mais alimentar ilusões sobre seus dons de literato. Aliás, não há de que se lamentar. Que aceite renunciar ao mundo do dizer e do escrever, e ele se libertará ao menos da obrigação de dizer e de escrever

que renuncia ao mundo.

— Com certeza! Eis uma porta de saída muito honrosa, ele ficará muito grato pela sugestão.

— Por que não se precipita logo?

— Tudo o leva a isso e, no entanto, duvido que ele se resigne.

— Queremos ouvi-lo, pois, dizer por quê.

— É que ele simplesmente acha que poderá tirar partido, um dia, de suas deficiências.

— O quê? Transformar seu fracasso em obra de arte? Recorrer ao truque vergonhoso de fabricar um livro com os cacos dos livros que não escreveu? Ele, que confessa ter outrora sonhado tão devotamente com uma obra-prima verdadeira, aviltar-se-ia a remendar as sobrinhas de obras?

— E por que não? O que ele tem a perder? Ele guarda, seja como for, o sonho infantil do livro libertador. Essa miragem mobiliza incessantemente o seu olhar. Mas para se libertar, não basta desviar o olhar: seus olhos não veem nas coisas senão a ausência daquilo que ele busca. Não seria melhor para ele aceitar essa situação? Então, ele resolveu descrever pacientemente os contornos dessa ausência, desenhar suas formas com o máximo de precisão possível.

— Bom proveito! Que ele se lembre então disto: uma coisa é querer transformar seu fracasso em obra de arte, outra, é cortejá-lo como se já se tratasse de uma...

Heróis

Proposição: durante um inverno rigoroso, queimar os livros.

LICHTENBERG

Não sei se é necessário continuar a escrever. Excelentes espíritos duvidaram disso. Marcel Schwob não estava longe de pensar, depois de Renan, que os esforços das gerações clássica e romântica deixaram-nos apenas um único campo a ser explorado, o da literatura erudita.

PAULHAN

Tudo está dito – do que era grandioso e simples de dizer – desde que, há milênios, os homens pensam e se despendem. Tudo foi dito do que era profundo com relação à altura do ponto de vista, ou seja, ao mesmo tempo extenso e vasto. Hoje em dia, não se pode senão repetir [...], restam apenas detalhes ínfimos ainda inexplorados [...]; resta ao homem do presente, o trabalho mais ingrato e menos brilhante, o de preencher os vazios com formigantes detalhes.

REVERDY

Que tudo tenha sido dito, que não se tenha mais nada a dizer, nós o sabemos, nós o sentimos. Mas o que se sente menos é que essa evidência confere à linguagem um estatuto estranho, até mesmo inquietante, que a redime. As palavras estão enfim salvas, porque cessaram de viver.

CIORAN

Falar apavora-me porque, não dizendo nunca o bastante, digo também sempre demais.

DERRIDA

Definitivamente, não existe "farsa boa". Eu me achava capaz de fazer durar indefinidamente o joguinho que eu inventara na infância, feito de um equilíbrio acrobático entre ilusões prolongadas e prazos adiados. Afinal, eu era seu único mestre, único ordenador, e começava a conhecer suas engrenagens.

De fato, caí numa armadilha. Os sonhos de glória, sempre acalentados – com uma discrição cada vez maior – sobreviveram sem muito esforço aos desenganos; um dia, sumiram de vez, na ponta dos pés, cansados, sem dúvida, por terem esperado demais o momento de entrar em cena. A partir de então, o jogo me apareceu tal como é: sem sentido, sem objetivo.

O distanciamento irônico que me impus face ao engajamento de meus amigos, que um após o outro encontraram – com uma facilidade para mim ainda desconcertante – o grupo com o qual iriam por muito tempo se identificar (clã, partido, família ou grupúsculo), colocou-me aos poucos fora do páreo. De tanto desconfiar das modas e dos mestres, de tanto querer que meu pensamento fosse outra coisa que o eco dos diversos rumores que me rodeiam, acabei por atar minhas próprias mãos. A ponto de não ser, no plano intelectual, mais do que uma espécie de andarilho, um homem que não tem entrada em nenhum círculo. E desses longos anos, que pouco a pouco começam a se confundir em minha lembrança – pois formam como um bloco coeso ou congelado –, apenas me restam os rastros de uma marcha solitária em direção a não sei que forma de escrita: marcha lenta, hesitante, adiada indefinidamente pela íntima convicção, por vezes reforçada, de que, de qualquer modo, escrever é vão. Meço a enorme potência que o arrependimento confere às coisas e penso assiduamente nos caminhos que não segui, nas iniciativas que preferi não tomar.

1

Contar minha história, ilustrar com minha própria experiência os temas do exílio, do desenraizamento ou da mistura das tradições – quando tais problemas, aos olhos de muitos, passavam ainda por lugares comuns de uso puramente acadêmico – teria com certeza produzido, sem grande esforço, uma obra inovadora. Era um empreendimento sem risco. Minha situação era suficientemente original para que um pouco de exotismo apimentasse sua exposição. E meu percurso, bastante universal para que cada um pudesse, com mínimas correções, reconhecer-se nele. Tantos traços inesperados ou jocosos e, no final das contas, uma infância semelhante a qualquer outra.

Mas pouco me importava então descrever minha casa, sua porta de ferro fundido, seus longos cômodos enfileirados, o chafariz na sua fonte em forma de estrela no meio do jardim ou traçar com anedotas os perfis contrastados de todos os membros de minha família. Teria preferido – para além de qualquer anedota e por meios que ainda não encontrara – atribuir uma existência definitiva a essa casa e a seus habitantes, acrescentar um elo suplementar à cadeia de lugares e de personagens que servem de referência à imaginação dos leitores. Tarefa que, é claro, não me sentia capaz de realizar. Aliás, não saberia nem mesmo que cor atribuir a essa evocação, de tanto que meus sentimentos ainda eram ambíguos. Os anos marroquinos em minha lembrança eram ora um paraíso perdido, ora aquele tempo que eu chamara o do exílio anterior ou do exotismo ruim. Da mesma forma, minha instalação solitária na Paris laboriosa e cinzenta de meados dos anos cinquenta (que ainda exalava o cheiro de seu pós-guerra) parecia-me, sucessivamente, como o retorno sonhado à Terra Prometida ou a ocasião prematura de um desenraizamento penoso. Após tantos anos de distância, voltar a essas ambiguidades teria sido confessar à luz do dia que ainda não tinha terminado um trabalho de luto que aliás nunca havia sido seriamente iniciado.

Além disso, não podia me impedir de considerar como um sintoma inquietante o fato de começar por uma autobiografia. Enternecer-me com minha infância não era decididamente uma tarefa nobre o bastante. Teria preferido primeiro dar uma longa volta, lançar-me num empreendimento insólito, contrário à minha tendência natural, tão distante quanto possível do que podiam esperar de mim: um lance de audácia do qual, mais tarde, teria orgulho de rir à vontade. Somente depois, teria ganhado o direito de beber preguiçosamente da fonte da minha lembrança.

Na verdade, quando tinha coragem de chegar ao fundo do meu pensamento, era toda a literatura de confidência que me parecia necessário evitar. Adivinhava os riscos da investigação de si. Quando se aborda esse terreno escorregadio, a má-fé reina, e até mesmo o escrúpulo ostentado pelo historiador serve apenas para encobrir uma exibição histriônica. Péssimo desempenho de ator, aliás, quando quem diz *eu* muda de papel sem cessar: como num romance policial em que o autor seria ao mesmo tempo a vítima e o criminoso, o detetive e a testemunha, e para completar, o juiz! Assim, o empreendimento era repleto de ardis e artimanhas que eu conseguia enumerar com um zelo vingador, sem me perguntar se alguns não seriam, com um leve esforço, evitáveis.

Ainda hoje, invejo aqueles cuja vida contada singelamente adquire valor de exemplo: quando sonham, seus sonhos são os da nossa sociedade, quando estão angustiados, suas angústias são as do nosso tempo. Basta-lhes falar e todos imediatamente se reconhecem neles. Em mim, dizia-me, quem iria se reconhecer? As lembranças que preservo com tanto cuidado são inutilizáveis. Remetem a um mundo que pouca gente conheceu e que no momento está quase morto. Por que ressuscitá-lo? Para quem? Ao deixá-lo, não teria eu perdido o direito de falar em seu nome?

A ideia de que outros, leitores hipotéticos, pudessem se interessar por isso um dia parecia absurda. Não tinham, eles também, suas próprias lembranças? Não se encontravam também aprisionados em seus caminhos? Como poderia eu conseguir com minhas palavras suplantar sua repulsa? Que técnica de efração teria sido necessário utilizar para vencer, não a sua resistência, porém simplesmente sua legítima indiferença? Um único exemplo me bastava: conseguiria eu sugerir um dia, a alguém que desconhece o hebraico, suas sonoridades e seus ritmos, a espécie de prazer musical (e quase sensual apesar da suposta austeridade desses momentos) que me traziam as preces das grandes festas do início do outono, ao mesmo tempo mais melodiosas e mais carregadas de aparatos do que os cantos de todos os sábados.

Cedo me convenci de que é vão escrever enquanto não se tenha qualquer ideia de seu público, enquanto não se encontre alguém a cujas injunções se possa responder, em cujos incentivos se possa crer, em cujo julgamento se possa confiar. Privado de tais apoios, inapto por essa razão a desempenhar uma de suas funções primordiais – ser gerador de uma forma pelo menos de reconhecimento –, a narrativa de minha vida não teria servido de nada. Do seu passado – exaltado, magnificado ao bel prazer –, outros souberam fazer epopeias, nas quais se lê sobretudo o casamento judicioso de um pouco de memória com muita fantasia. Eu apenas consegui fazer disso um entrave a mais.

Não precisei me resguardar com tanto cuidado dos perigos do diário íntimo. Um tipo de repulsa sensata me preservara e eu já não imaginava conceder o menor lugar a esse cancro que rapidamente teria aniquilado tudo. A ausência de qualquer restrição, de qualquer forma, de qualquer regra me teria conduzido exatamente aonde eu não queria ir: ao deserto morno do narcisismo e da complacência. Amiel me ensinara como tal exercício pode ser ridículo: os detalhes inflados, as minúcias multiplicadas e sobretudo o progressivo consentimento à inatividade (que se acredita ainda por cima combater com exortações pueris endereçadas a si mesmo). Estava por demais atarantado com minhas próprias agruras e cuidava para não atrair outras mais. Pois sabia bem que, uma vez dada a partida, não resistiria à tentação de me exceder, sempre atento a seduzir ou a magoar, buscando a todo momento a cumplicidade de um leitor, por definição, inexistente. Não, decididamente, não devia me lançar nesse empreendimento, que me parecia, no melhor dos casos, um interminável curso de recuperação para o exame de ingresso no clube dos escritores.

2

Vislumbrava uma solução: bastaria me orientar com afinco para a ficção, ousar mergulhar no imaginário, cortar todos os nós com um sabre, inventar os heróis que me desvencilhariam de meus entraves, construir enfim, com paciência ou habilidade, uma figura mítica que pudesse me tornar suportável para mim mesmo. Mas então, as coisas, como sempre, se revelaram menos simples.

Devidamente, começara a me identificar, desde minhas primeiras leituras, com todo tipo de personagem que eu reunia segundo a minha fantasia (Ulisses e Robinson, Jonas e Gulliver, Hércules e Sansão, Jó e Don Quixote), o que me permitia navegar em permanência entre vários universos. Mas um novo e grande passo foi dado quando descobri, por acaso (folheando como sempre os livros de um de meus irmãos), os recursos e tesouros da interpretação alegórica. Foi um deslumbre. Assim, as aventuras dos heróis de meus volumes depenados de *Contes et légendes* não foram gratuitas! Elas tinham um sentido: melhor, falavam de mim e de nada mais. Uma me ensinava a revolta e a irreverência, e eu me prometia não esquecer a lição (o que, entretanto, apressei-me em fazer); outra me mostrava que a multiplicidade das formas podia servir para proteger a identidade. Eu passava em revista esses fabulosos ancestrais e já não me surpreendia mais, o fato de achá-los tão próximos. Sísifo, Penélope, Tântalo, ou até mesmo as pálidas Danaides... Eram, como eu, vítimas da impossibilidade de levar a cabo uma determinada tarefa e, no entanto, possuídos pelo desejo de sempre recomeçar.

Com o tempo, porém, o objeto de minhas identificações espontâneas evoluiu, tornou-se mais preciso.

Emigrou para outros horizontes. Comecei a encontrar em mim semelhanças com todos os anti-heróis reais ou imaginários: os doces sonhadores aviltados dos guetos, os perseguidos justos, as puras vítimas de sua pureza, os solitários contra todos, os gênios desconhecidos, em suma, todas as pérolas raras que são tratadas como ovelhas negras, todas as águias que uma sociedade míope considera patinhos feios. Adorava-os, e seu triunfo final era, é claro, o meu. Contudo, minha atitude era às vezes hesitante com relação a certas mudanças bruscas de situação. Quando a última revelação se dava, quando finalmente o injustiçado ganhava o reconhecimento de todos, nem sempre eu ficava satisfeito. Logo farejava, nesses desfechos milagrosos, um simples artifício do autor, sem necessária relação com o que podia ter sido a verdade. Descobri de súbito que não gostava desse universo encantado em que basta dizer as coisas para que elas sejam consideradas verdadeiras.

Não tinha pressa de entrar, por conta própria, no mundo do imaginário; havia liberdade em demasia e uma forma de poder da qual, por antecedência, eu temia fazer mal uso. Porque a ficção também tem seus perigos: com mais perfídia ainda do que a pura e simples confissão, ela desnuda. Como então fazer para não cair na rede daqueles que professam a análise? Fazia-me pródigo em doutas instruções: "Quando decidir mostrar algumas de suas páginas", dizia-me eu, "lembre-se de que elas já não lhe pertencerão. Seus leitores não buscarão somente aquilo que você terá tentado dizer, mas o que você terá desejado esconder do olhar deles. Saberão ser mais perspicazes do que você terá sido oblíquo; verão seus ardis, seus disfarces, seus mistérios. O pior, no entanto, não é que eles terminem por deixá-lo nu, o pior é que, mal vislumbrada a sua imagem, eles a substituam por uma miragem qualquer que naquele momento possa satisfazê-los". E, pensando no rio de inépcias que eu tinha visto jogarem sobre alguns autores que me eram caros e próximos, eu temia ter um dia de cair entre as mãos de alguns desses hábeis leitores que, munidos de um bisturi mal afiado e de grades enferrujadas, julgam-se no direito de desvelar sob um silêncio, um grito, por trás de tal ausência, um signo, e na própria denegação, rastros de uma confissão.

Eu sonhava então com um anonimato fechado a sete chaves, com um jogo sutil com os pseudônimos que despistariam os mais finos cães de caça. Começara até a preparar um arsenal de identidades imaginárias, que até agora – será preciso dizer? – foram pouco utilizadas. Meu procedimento era dos mais simples. Concebia cada um desses nomes, não como uma máscara, mas como uma espécie de eu experimental que, à maneira de um rosto a princípio desgracioso ao qual uma plástica pudesse trazer um pouco de harmonia, fixasse alguns traços coerentes meus, aptos a criar no leitor a ilusão de estar lidando com uma personalidade original. Teria feito todos esses pseudônimos circularem juntos no mundo como se fossem tubos de ensaio, e teria – invisível – observado seu comportamento. Chegava até a pensar que, no final, nada me impediria de me identificar de vez com aquele que tivesse mais sucesso. Assim, a pretexto de proteger minha identidade e na esperança de encenar algumas de minhas possíveis facetas, estava prestes, senão a repudiar meu sobrenome – tão pesado de carregar certos dias como um baú sem alça[3] -, ao menos a dissociá-lo radicalmente de minhas obras por vir.

No fundo, todo meu embaraço vinha de que eu ainda guardava a velha ideologia de meus vinte anos, que concebia a literatura apenas como desvelamento. Não havia compreendido o que sem dúvida se ensina às crianças das escolas hoje, a saber que um livro não precisa ser o reflexo ou a transcrição de algo que lhe preexista. Simplesmente, ele é: pode então ser criado do início ao fim, sem medo nem pudor, já que não tem outra justificativa senão ele mesmo. Para contornar os obstáculos que me haviam detido até então, precisaria encontrar um modo de escrita que não corresse o risco de desviar ou desvelar seu autor. Uma escrita, em suma, que se engendrasse a si mesma.

Eu a busquei por toda parte.

---

3 Traduzimos por "baú sem alça" a expressão *benne à bout de bras*, literalmente "caçamba [*benne*] na ponta [*bout*] do braço [*bras*]", trocadilho intraduzível com o nome do autor, Bénabou. [N. T.]

Lacuna

Pensamento escapulido, eu o queria escrever;
Escrevo, no lugar, que ele me escapuliu.

PASCAL

Aqui, o autor deve confessar ao leitor seu extremo embaraço. As anotações que deveriam servir para redigir este capítulo desapareceram, e ele não tem mais, infelizmente, nem o tempo de procurá-las, nem a força para reconstituí-las. O leitor indulgente consentirá em observar que, no projeto inicial, este capítulo se dedicava precisamente a uma longa conversa (na realidade, mais um debate) com o leitor.

O autor se propunha a justificar enfim sua *démarche*, essa *démarche* que o conduziu a apresentar um texto que se atrapalha incessantemente com seu próprio comentário. Sabe-se lá, de fato, se o leitor aprecia que se venha a cada instante interromper sua leitura para corrigir, para remodelar o desenvolvimento em curso? Essa necessidade de acrescentar nuances – às vezes úteis, certamente, até indispensáveis, mas, por momentos, tão tênues que poderiam facilmente, num outro autor menos escrupuloso (como existem muitos, especialmente em nossa época), serem omitidas sem que por isso essa omissão prejudicasse o bom equilíbrio do conjunto, muito pelo contrário –, essa mania de temperar cada afirmação (ou quase) com uma chacota (o que aparentemente permite falar sem muito incômodo das coisas que mais incomodam), essa pressa enfim de neutralizar cada declaração com um sarcasmo (como se não se soubesse há muito que zombar de si mesmo não é senão uma maneira um pouco menos grosseira do que as outras de se levar a sério), será que toda essa parafernália não corre o risco de chegar, no final do percurso, a um deslocamento – prejudicial por mais de um motivo – de um enunciado de partida já bastante desprovido de clareza?

A essas observações, feitas sem verdadeira maldade pelo leitor, o autor respondia com uma defesa apaixonada, um verdadeiro discurso de orador da antiguidade.

Estava bem consciente, dizia ele, de todas essas fraquezas. Mas a seus olhos esse texto não formava um só bloco, não devendo de modo algum ser considerado como tal. Jamais pretendera produzir um discurso rigoroso e sem falhas. Ele não era (e na verdade sabia-o muito bem) um desses colossos gloriosos cujo *logos* ágil – no qual, com uma graça sem igual (e como em noite de gala), deslizam mil glosas – engana o leitor com seus alegres galopes apenas para agarrá-lo com mais elegância.

Não pretendia, por outro lado, que sua ironia (ou sua chacota) fosse de todo inocente. Mas, ao menos, ela sugeria um ângulo de aproximação e ensinava, aos que não haviam espontaneamente percebido, que uma linha condutora operava aqui. Quanto ao resto, estava pronto a admitir que nada do que ele havia dito era de fato original: até mesmo mais de uma passagem lhe havia parecido, ao reler, quase tão nova quanto um trocadilho de almanaque. Mas então? Se quiséssemos que certas verdades continuassem a viver, não deveríamos repeti-las sem parar? Afinal, as coisas não permaneciam no ser senão graças ao esforço feito por alguns para recriá-las dia após dia.

E para terminar, ainda dizia, o que ele desejava era suscitar um distúrbio, um mal-estar – mesmo leve, mesmo fugidio – naqueles que até aqui se dedicavam à atividade literária em toda quietude, e levar, ao contrário, um pouco de alívio a todos aqueles que sofriam por não poder escrever.

O resumo sucinto deste debate repleto de paixão deveria pelo menos permitir ao leitor abordar sem problemas a leitura do capítulo seguinte.

Última palavra

... Um livro que seja um livro, arquitetural e premeditado, e não uma coletânea das inspirações do acaso, ainda que fossem maravilhosas.

MALLARMÉ

Por que não pode um livro estar à altura da necessidade de escrevê-lo?

J. VICENS

Eis que quase chega a seu termo isto que muito se parece com um livro: o resultado, afinal de contas, de uma adição de capítulos agrupados em torno de um tema. Ousaria dizê-lo, estas páginas foram escritas sem nenhuma das dificuldades, sem nenhum dos obstáculos (ou quase) que denunciam sem parar. Pode-se compreender, então, que eu retome aqui o que foi afirmado (mas, talvez alguém se lembre, não justificado) lá no primeiro capítulo: *isto não é um livro*. Porque, é fácil constatá-lo, o objeto que você, leitor, tem presentemente nas mãos não possui comum medida com aquele cujo desejo, durante tanto tempo, carreguei em mim, sem me resignar de todo a elaborar seu luto. Aquele era revestido de esplendor e de solenidade, intimamente ligado a mil esperanças. A meus olhos, parece justo que, para salvaguardar a própria linguagem, um mesmo vocábulo não designe duas realidades tão heterogêneas. A menos que se admita, fonte de complicações infinitas, tratar-se apenas de um (lamentável) caso de homonímia...

Mas, já que o leitor teve a bondade de me seguir enquanto eu glosava livros imaginários, ele me perdoará talvez que lhe proponha também algumas explicações sobre as origens deste não-livro, bastante real.

1

Passava finalmente a aceitar que um livro não tivesse por função redobrar inutilmente o real, mas continuá-lo por outros meios. Bastava-me somente, com urgência, conseguir os ditos meios.

O melhor certamente era voltar contra a literatura essas armas – ignoradas por muitos, mas temíveis –, que são, entre mãos exercitadas, as ambiguidades e fraquezas próprias à linguagem. Decidi que meu esforço visaria, antes de tudo, a opor minhas próprias astúcias de usuário às emboscadas da escrita (ou antes, a suas aflições maliciosas): seria doravante logro por logro, dolo por dolo. Talvez o combate cessasse de ser desigual.

Desbravando os mais veneráveis interditos, até mesmo elevando essa transgressão ao plano de método, experimentava todas as blasfêmias, todos os sacrilégios, misturando – como todos aqueles que me haviam precedido nesse caminho, bem mais trilhado do que eu imaginava – à puerilidade extrema a extrema seriedade. Provisoriamente aliviado dos meus vastos projetos, precisava reaprender os rudimentos. Abordava a escrita pelos seus elementos primitivos: a letra ou a sílaba, o algarismo ou até mesmo o simples sinal de pontuação. Partindo daí, não hesitava mais em declarar dissolvidas todas as fronteiras: entre palavras, entre frases, entre páginas, entre obras. Assim, começavam a me aparecer, no meio dos textos mais familiares, espaços em branco, falhas, faltas, vazios enfim, que repentinamente proliferavam. Eu me apressava em calafetá-las a golpes de vocábulos opacos, obtidos em profusão por meio de todo um jogo de desvios.

Descobria assim que, por pouco que nos mostremos acolhedores, uma palavra nunca chega sozinha. Traz consigo todas as de sua tribo – aparentadas pelo sentido ou pelo som – que, de toda evidência, esperavam, para fazer irrupção, apenas essa brecha dada por uma delas. Eu as deixava agir, ou antes, incitava-as a isso, abrindo-lhes caminho de mil maneiras. Do velho Victor Hugo, confuso e cansado, com um traço de pena fiz um modesto criado, humilde mina de ditos postiços, vasta reserva de hemistíquios. E até de Racine, assim tão raçudo em sua rede sutil de sinuosidades, fiz uso como se fosse um cemitério de rimas. Aprazia-me partir em busca do leito perdido de Edgar Allan Poe, para encontrá-lo em seu gabinete de leitura. Com a conivência de um compadre *exquis* – um compadre *expert* e que não tardaria a se tornar um mestre –, cheguei certos dias a fazer surgir de dentro da casa de um pároco deliciosamente obsoleta (ainda graciosamente adornada no entanto em meio a uma brilhante vegetação) uma sólida tropa de trabalhadores lado a lado, e até a nada ver senão, numa página famosa, nas letras do branco, os brancos da letra.

Contra as injunções mais sagradas, eu buscava maneiras novas de violentar a sintaxe, encontrando sentido para os enunciados mais desarticulados, para as mais incoerentes sequências. Habituava-me a desviar sub-repticiamente as fórmulas, as locuções mais simples, do seu sentido corrente, para forjar outras novas, mais adaptadas às minhas necessidades. Gostava, sobretudo, de fazer uso dessas palavras que habitualmente só têm sentido quando se tem o cuidado de trancá-las a sete chaves por trás da sólida muralha das aspas.

À imagem de Queneau retirando do *Discurso do Método* a matéria de sua obra *Chiendent*, decidi transformar em romance de aventuras, um tratado de retórica, em história de amor, uma célebre coletânea escolar de trechos selecionados. Quis até estender a experiência a outras categorias de livros: dicionários, enciclopédias, cronologias e, por que não, anuários e catálogos. Aliás, censurava o meu gosto muito pronunciado pelo pastiche: por que se obstinar a reproduzir indefinidamente formas mortas? Porém, repetia-me, podemos ter certeza de que uma forma esteja realmente morta sem antes tê-la matado um pouco nós mesmos?

Tomado pela euforia própria aos convalescentes, tinha de súbito a impressão de poder voar. Deixara de lado a apatia, a dormência, a indolência, a inércia, a moleza, a malemolência, a sonolência, o torpor. Estava como que devorado por um fogo: um fogo que tardara a nascer, mas que eu desejava, firmemente, que também tardasse a se apagar. Livrava-me, de um só gesto, das ingenuidades simétricas do lirismo e do cinismo. Nem me sentia mais obrigado, para provocar o riso, a rir de mim primeiro.

Decidido, dali em diante, a nada mais levar a sério a não ser a derrisão, pensava sinceramente que me bastaria parecer para aparecer no mundo das letras como um ser à parte.

O acaso e a amizade encarregaram-se do resto.

2

Fiz-me uma pergunta que parecia inabitual e parti em busca de algumas respostas possíveis. Primeiro, pensei que não haveria nada de interessante a ser descoberto nessa procura (razão pela qual demorei tanto a empreendê-la). O diagnóstico é na verdade fácil: um caso quase clássico de indolência, de fuga diante do esforço criador, de inaptidão para levar a sério seu desejo. Podemos dar a tudo isso inúmeros nomes mais ou menos desrespeitosos; o menos cruel talvez seja aquele que Flaubert quase usou como título de *A educação sentimental:* as frutas secas. Ora, eu não era com certeza nem o primeiro nem o último desses produtos recém surgidos de alguma vegetação fraca.

Tal como de início havia concebido, esta obra teria sido de fato uma espécie de aposta: a interminável paráfrase de algumas proposições elementares dentre as quais nenhuma teria retido minha atenção se eu tivesse que ser o leitor delas.

Percebi que talvez houvesse outra coisa, e compreendi de súbito essa evidência (que me havia aparentemente, até então, escapado): há uma distância infinita entre o ato individual de escrever e o fato social de produzir livros. Ora, para mim, durante anos, o essencial do trabalho consistira em usar e abusar da escrita, não para fabricar literatura, mas para adiar a sua produção. Eu não fazia nada além de dar voltas em torno da palavra, de recusar incessantemente tudo o que tem por missão tranquilizar. Como, nessas condições, conseguir percorrer a distância que me separava do livro?

Poderia ter me colocado sob a égide de Artaud e encontrado uma justificativa para meu empreendimento na declaração inicial de *L'ombilic des limbes*: "Ali onde outros propõem obras, não pretendo senão mostrar meu espírito". Meu desejo era antes encontrar uma forma que pudesse integrar os inúmeros fragmentos díspares que recolhi em torno de um único tema ao longo dos anos e, após submetê-los a uma intensa destilação, retirar deles algumas páginas que eu esperava que fossem fortes. Eu queria, ao mesmo tempo, chegar a uma obra tal que, a cada momento, se tivesse a impressão de que tudo é ainda possível; uma obra cujo sentido não viesse de algum decreto do autor, mas que fosse fruto de uma progressão interna (sem que nada garantisse que ela pudesse um dia acabar).

Uma resposta finalmente se perfilou.

Será que atribuir uma figura àquilo mesmo que constitui o objeto principal de meu receio (escrever ou não) poderia ser o meio de sair – ainda que pouco – do círculo do estupor e da paralisia? Talvez um passo em direção a uma forma menor de domínio? Até Proust parece obcecado pela ideia de que não conseguirá escrever "seu livro", e é de tanto repetir esse receio que ele avança em sua própria história.

Assim, escrever que se quer escrever já é escrever. Escrever que não se pode escrever é ainda escrever. Uma maneira como outra qualquer de provocar a reviravolta que dá origem a tantos empreendimentos audaciosos: fazer do que é periférico, o centro, do acessório, o essencial, e do entulho, a pedra angular. Sabia, portanto, o que me restava fazer: uma espécie de esforço por meio do qual conseguisse fazer livros que não existem de fato, existirem ficticiamente e, assim, dar uma existência real ao livro que trata desses livros fictícios. Um gesto, em suma, fortemente semelhante àquele que conduz ao *cogito* cartesiano: no exato momento em que passasse o atestado de minha inaptidão à escrita é que me descobriria escritor, e a própria ausência de minhas obras inacabadas nutriria esta aqui. Belo exemplo dessa estratégia do quem-perde-ganha, dessa proeza dialética que faz de uma acumulação de fracassos um caminho para o sucesso. E já falaram o bastante que o que Sísifo fazia era musculação!

Adeus ao leitor

Esse desfecho lhe parece fraco, leitor? Mas quem sabe como se deveria concluir? Assim como você, o autor não ignora que as últimas linhas, quanto à importância, não perdem em nada para as primeiras. Mas de que serve multiplicar aqui as palavras do final? Todos os artifícios do mundo não irão levar essas páginas a seu termo, pois elas não poderiam ter fim algum.

— Ah, mais um esforço! você diz. Só mais um pequeno esforço e estaremos quites.

Então, digamos que, em último recurso, esse texto poderá passar por um romance muito clássico. Não é ele a narrativa de um encontro incessantemente diferido, de um amor contrariado, semeado de obstáculos e de reveses, vítima de ilusões e arrependimentos? De um amor infeliz e, finalmente, talvez impossível, aquele de seu autor com certa ideia da literatura.

Não sei em verdade o que se deve mais admirar, o excesso de bondade dos homens que acolhem ensaios tão pobres ou minha incrível segurança em lançar semelhantes tolices no mundo.

M. DE GUÉRIN, *Le cahier vert*

Dados internacionais de Catalogação-na-Publicação (CIP)

B456
Bénabou, Marcel, 1939-
Por que não escrevi nenhum de meus livros / Marcel Bénabou ; tradução: Ana de Alencar. – Rio de Janeiro : Tabla, 2018.
144 p. ; 21 cm.

Tradução de: Pourquoi je n'ai écrit aucun de mes livres.

ISBN 978-85-92632-18-2

1. Literatura francesa. 2. Escritores franceses. 3. Criação (Literatura, estética, etc.). 4. Oulipo (Associação) I. Alencar, Ana II. Título.

CDD 844.914

ESTE LIVRO FOI COMPOSTO EM SABON,
FONTE CRIADA POR JAN TSCHICHOLD, E IMPRESSO
PELA GRÁFICA STAMPPA EM SETEMBRO DE 2018.